Patrick Bierther

Heimatschätze

Ausflüge zu den schönsten Altstädten
im Ruhrgebiet

aktiv
KLARTEXT

Bildnachweis

Adobe Stock: ©borisb17 S. 3, 8, ©venemama S. 4/5, 126, ©brudertack69 S. 10, 19, ©Sina Ettmer S. 10, 13 l. u. r., ©ccgocke S. 11, ©PICGU.RU S. 24, ©hespasoft S. 32, 71 o., ©ArtVader S. 38, 40 o., ©venemama S. 42, ©Stephan Sühling S. 50, ©luna1904 S. 54, ©sehbaer_nrw S. 55, 60, 62 o., 64, 94, ©mitifoto S. 56, 78, ©Markus Quabach S. 68, ©GordonGrand S. 80, ©Tobias Arhelger S. 81, ©FotoStuss S. 95, ©ErnstPieber S. 96, 140 o., ©Eduard Shelesnjak S. 99 o.; Hans Blossey S. 36, 52, 88, 92, 114, 120/121, 134; Imago/Rech S. 12, 37, /Olaf Döring S. 21 o., /Werner Otto S. 21 u., 71 u., /Val Thoermer S. 34 u., /Rupert Oberhäuser S. 39 li. u. r., 85, 103, /H. Tschanz-Hofmann S. 40 u., /agefotostock S. 41, /f8 das Bild S. 98, /biky S. 110, /blickwinkel S. 122, /imagebroker S. 138; FUNKE Foto Services: NRZ S. 29, Vladimir Wegener S. 48, Svenja Hanusch S. 73, Joachim Kleine-Büning S. 90, 91, Ingrid Breker S. 100, Iris-MEDIEN S. 119, Joana Maibach S. 123, WR/Joel Schrage S. 140 u., WR/Karl Dittrich S. 141; LWL-Freilichtmuseum Hagen, Bernd Langohr S. 110; picture-alliance/dpa: Horst Ossinger S. 44, Rupert Oberhäuser S. 83, imageBROKER | Christian Hütter S. 89, Martin Gerten S. 93, Rainer Hackenberg S. 99 u., imageBROKER | Barbara Boensch S. 108, 129, imageBROKER | Klaus-Werner Friedrich S. 109, DUMONT Bildarchiv | Martin Kirchner S. 112, Westend61 /Lisa und Wilfried Bahnmüller S. 132; Jochen Tack: S. 28, 35, 45, 49; Stefan Ziese: S. 16, 20, 22, 23, 26, 27, 46, 53, 57, 58, 60, 62 u., 63, 70, 72, 74, 76, 77, 101, 102, 104/105, 106, 111, 113, 115, 116, 118, 125, 128, 130, 131, 135, 136, 142

Für Béla und Moritz, die schon selbst Bücher lesen können.

Bibliografische Information der Deutschen Nationalbibliothek
Die Deutsche Nationalbibliothek verzeichnet diese Publikation in der Deutschen Nationalbibliografie; detaillierte bibliografische Daten sind im Internet über portal.dnb.de abrufbar.

Impressum

3. Auflage Mai 2025
Redaktion: Kerstin Goldbach
Layout und Satz: Joachim Bartels
Umschlaggestaltung: Guido Klütsch
Umschlagabbildung: Jochen Tack
Druck und Bindung: AALEXX Druck Produktion,
Thönser Str. 5a, 30938 Großburgwedel
Karte: Die Karte wurde mit Daten von OpenStreetMap erstellt
(www.openstreetmap.org).

ISBN 978-3-8375-2456-7

KLARTEXT

Jakob Funke Medien Beteiligungs GmbH & Co. KG
Jakob-Funke-Platz 1, 45127 Essen
info.klartext@funkemedien.de
www.klartext-verlag.de

Zeichenerklärung

Aussichtspunkt

familienfreundlich

Freizeitspaß

Naturerlebnis

Fotospot

Kunstobjekt

Kulturstätte

barrierefrei

Inhalt

Raesfeld
Hamminkeln
Brünen
Schermbeck
1
Xanten
Wesel
Dorsten
Hünxe
Voerde
(Niederrhein)
Alpen
Gladbeck
Dinslaken
Rheinberg
Gelsenk
Bottrop
Kamp-Lintfort
Oberhausen
2
Moers
Essen
Neukirchen-Vluyn
Duisburg
Mülheim
an der Ruhr
5
3
4
Velbert
Krefeld
Heiligenhaus
Tönisvorst
Ratingen
Wülfrath
Willich
Meerbusch
Mettmann

Die Orte im Überblick

Sagenhafte Backsteinbauten

Xanten

Eine Altstadt ohne große Bausünden mit einer Atmosphäre niederrheinischer Gelassenheit: Hier möchte man gern leben! Xantens historischer Ortskern mutet mit seinen Backsteinbauten fast schon niederländisch an. Die schnuckeligen Häuschen werden überragt von mittelalterlichen Türmen und umrahmt von der Stadtmauer. Erbaut wurde Xanten über einem antiken Friedhof mit den Steinen einer untergegangenen Römerstadt. Der Sage nach stammt der Drachentöter Siegfried von hier, und Sie wandeln (oder fahren mit dem Touristen-Elektroexpress) auf den Spuren der Nibelungen. Besichtigen Sie einen Dom, der keiner ist, pumpen Sie sich was bei den Einheimischen, rutschen Sie einem Drachen den Buckel herunter, lassen Sie sich zwischen Mühlenflügeln den Wind um die Nase wehen und machen Sie einen Abstecher zu Fuß in die Antike!

Nicht nur das Rheintor ist verschwunden, auch der Lauf des Rheins hat sich von der Stadt entfernt. Dennoch ist „Am Rheintor" ein guter Start für einen Rundgang durch die Altstadt: Hierher zurückgekehrt, können Sie gleich die nächste Besichtigung angehen, nämlich die des Archäologischen Parks.

1

Anreise Pkw/Parkplatz: Parkplätze rund um die Altstadt sind ausgeschildert, P22 Rheintor am Nibelungenplatz liegt günstig zwischen Altstadt und Archäologischem Park.

Anreise mit ÖPNV: Von Xantens Bahnhof sind es acht Gehminuten durch die Hagenbuschstraße in die Altstadt.

Besonderheiten: Stadtbefestigung, Mühle, Kurpark, Archäologischer Park, Römermuseum, Seen

Das Karthaus

Folgen Sie der Rheinstraße in die Straße Karthaus. Linker Hand liegt ein ehemaliges Kartäuserkloster, das Karthaus mit seinem achteckigen Treppenturm. Wie der Großteil der Altstadt wurde es nach schweren Weltkriegszerstörungen wieder aufgebaut, jetzt beherbergt es ein Restaurant und eine Altenpflegeschule. Rechts verläuft eine lange Mauer, deren Geheimnis wir später erforschen.

Wenige Schritte weiter erreichen Sie das weiß getünchte Rathaus. Das Backsteingebäude entstand 1877 an der Stelle eines Kapuzinerklosters als Lehrerinnenseminar. 1967 zog die Stadtverwaltung ein. Das frisch restaurierte Glockenspiel an der Fassade ertönt sechsmal am Tag.

Wenden Sie sich am Rathaus nach rechts, überblicken Sie das geschäftige Herz der Altstadt: den Markt. Hier reiht sich ein Lokal ans andere. Beliebter Treffpunkt ist der Norbert-Brunnen. Er erinnert an den Xantener Mönch St. Norbert. Geboren als Adeliger, lebte er eine Weile als Einsiedler, gründete den Prämonstratenser-Orden und starb 1134 als Erzbischof von Magdeburg.

Den Nordrand des Markts bildet die Fortsetzung der geheimnisvollen Mauer aus der Straße Karthaus. Dahinter liegt wie eine Zitadelle mit dem Dom St. Viktor als Mittelpunkt die Immunität. Der Name rührt daher, dass die ummauerten Gebäude der weltlichen Gerichtsbarkeit entzogen waren. Dom und Stiftsmuseum gehören für Kulturinteressierte zu den Highlights eines Xanten-Besuchs.

Xantens Rathaus mit Glockenspiel

Am Weg

Dom und Immunität

Eine Stadt in der Stadt bildet die „Immunität". Dieser Bezirk war Sitz einer frommen Männergemeinschaft, eines Stifts, zugleich ein Jahrtausend lang das kulturelle und zeitweilig auch wirtschaftliche Zentrum der Stadt. Viele Gebäude des Stifts sind innerhalb des Mauerrings erhalten, ein Museum erzählt ihre Geschichte.

Den Mittelpunkt von Immunität und Stadt bildet der „Xantener Dom" St. Viktor. Die romanisch-gotische Stiftskirche ist zwar kein wirklicher Dom, denn Xanten hat keinen Bischof, und für die Grablege des Märtyrers Viktor gibt es keinen historischen Beweis. Doch angesichts der gewaltigen Abmessungen und reichen Ausstattung St. Viktors leuchtet sofort ein, warum sie nicht nur Wallfahrer fasziniert. Besonders eindrucksvoll sind das filigrane Schnitzwerk der hölzernen Altäre und der nicht nur zur Rosenblüte wunderschöne Kreuzgang. Es ist ein großes Glück nicht nur für Xanten, dass die schwer bombenbeschädigte Kirche 1946 knapp dem Abriss entging.

Einen Kontrast setzt die Schlichtheit der evangelischen Barockkirche an der Südwestecke des Marktplatzes, 1648 eingeweiht vom „Großen Kurfürsten" Friedrich Wilhelm von Brandenburg. Gegenüber liegt das Gotische Haus aus dem 16. Jahrhundert, dessen Fensterreihen den Treppengiebel geradezu luftig erscheinen lassen.
Folgen Sie der Kurfürstenstraße zum Mitteltor. Das weiße Trumm ist Teil der Xantener Stadtbefestigung von 1389. Hier finden Sie die Touristen-Information, gleich nebenan das Siegfried-Museum und einen Fahrradparkplatz mit Werkzeugsäule.

Am Weg

Siegfried-Museum

Das Nibelungenlied ist das Epos von Siegfried, dem aus Xanten stammenden Drachentöter. Die uralte Sage ist in mittelalterlichen Handschriften überliefert und gehört zum Weltdokumentenerbe der UNESCO. Die Geschichte von Liebe, Treue, Hass, Verrat und dem im Rhein versenkten Nibelungenschatz fasziniert und inspiriert bis heute. Im modernen Siegfried-Museum, errichtet auf historischen Gebäuderesten, kommen Fans von Literatur und Kulturgeschichte auf ihre Kosten. www.siegfriedmuseum-xanten.de

Durch das Mitteltor gelangen Sie auf die Klever Straße mit ihren hübschen Häuschen aus unterschiedlichen Epochen, alle liebevoll restauriert, viele mit Ladenlokalen. Das gewaltige Klever Tor von 1393 besteht aus zwei Torbauten: Der stadtauswärts gelegene wird flankiert von zwei langen, als Nistplätze genutzten „Eulentürmen"; drangen Angreifer darüber hinaus vor, fanden sie sich im ummauerten Zwinger wieder, dem den Stadtgraben überbrückenden Zwischenhof. Dahinter überragt der massive stadteinwärts gelegene Torbau wie ein Bergfried die Stadt. Er wird als Ferienwohnung vermietet.

Das Klever Tor mit den Eulentürmen (li.) und dem stadteinwärts gelegenen Torbau

Am Weg

Pumpen

Bevor es die Feuerwehr und in jedem Haus fließendes Wasser gab, waren Pumpen lebensnotwendig. Sie hatten auch eine soziale Funktion: Hier tauschte man die neusten Nachrichten aus. Die Anwohner schlossen sich zu einer Pumpennachbarschaften zusammen, die im Brandfall eine Eimerkette bildete. Man kennt sich, man hilft sich, man feiert zusammen – so ist es am Niederrhein bis heute geblieben, obwohl seit 1955 die gesamte Stadt über eine Zentralwasserleitung versorgt wird.

18 historische Pumpen sind in der Xantener Altstadt erhalten. An der Klever Straße erinnert ein Denkmal an ihre Zeit: In Bronze gegossen, plagen sich da an einer Pumpe zwei Frauen mit schweren Wassereimern und einem quengelnden Kind ab. Die Statuen stammen von Bonifatius Stirnberg, dessen Treidelbrunnen Sie in der Hattinger Altstadt kennenlernen (siehe Seite 75).

Nicht alle Überreste Stadtbefestigung wirken so spektakulär. Der Meerturm etwa, südlich des Mitteltors an der Bahnhofstraße gelegen, ist vier Stockwerke hoch, aber laubbewachsen und von einem Pyramidendach bedeckt, so dass man ihm sein Alter nicht ansieht. Unweit davon ist am Westwall ein Rundturm erhalten, der um 1800 in ein Gartenhaus umgewandelt wurde. Ein ähnlich schlanker Turm steht am Nordwall. Am Südwall findet sich der Schweineturm, einst Behausung eines Hirten. Der kleinste erhaltene Wehrturm ist der Weberturm am Westwall, ein schmucker Hingucker.

Abstecher

Erholung im Kurpark und am Wasser

Die Stadtbefestigung von 1389 ist zwar in Teilen erhalten, doch der vorgelagerte Graben verschwunden. An seiner Stelle umrahmen zweieinhalb Kilometer lange Grünanlagen die gesamte Altstadt. Darauf gibt es tolle Spielplätze, Geräte für Street Workout und Calisthenics – und einen Kurpark. Seit 2014 ist Xanten Luftkurort. Hier erwarten Sie ein Rosen- und ein Bibelgarten, eine erfrischende Kneippanlage, ein Barfußpfad und ein Gradierwerk mit Sole-Vernebelung (vgl. den „Abstecher" im Kapitel über Werne auf Seite 135).

Noch weitläufigere Freizeitflächen liegen außerhalb der Altstadt im Freizeitzentrum Xanten. Rund um „Nordsee" und „Südsee" können Sie Rad- und Wanderwege, mehr als einen Kilometer Sandstrand und vielfältige Wassersportmöglichkeiten entdecken. Weniger Trubel herrscht im Naturschutzgebiet Bislicher Insel, einer Auenlandschaft in einer Altrheinschlinge.

Ihr Rundweg sollte unbedingt über die Kriemhildmühle am Nordwall führen. Auf einem Turmstumpf errichtet, dient die Mühle heute wieder einem Müller. Das Korn kommt vom Niederrhein, die Hühner gackern platt. Die Mühle können Sie besichtigen, im Bioladen einkaufen und auf Liegestühlen im Grünen chillen. Dort gibt es eine erkletterbare Drachenskulptur, Getränke zur Selbstbedienung und eine Kasse auf Vertrauensbasis – ein herrlich unaufgeregter Ort zum Entspannen.

Abstecher

Archäologischer Park und Römermuseum

Xanten wurde erbaut aus den Steinen der römischen Stadt Colonia Ulpia Traiana – aber nicht auf deren Trümmern, sondern auf ihrem Friedhof. Dieser Tatsache verdankt Xanten die Sensation, dass unmittelbar neben der Altstadt Überbleibsel einer nicht überbauten römischen Stadt ausgegraben werden können. Der Archäologische Park Xanten (APX) dehnt sich auf 70 Hektar aus. Hinter der rekonstruierten Stadtmauer mit ihren Wachtürmen finden Sie Tempelruinen, den bewirtschafteten Nachbau einer römischen Taverne und ein Amphitheater, in dem Europas größtes Römerfest stattfindet. Alleen, Grünanlagen und ein riesiger Spielplatz laden zu Spaziergängen ein.

Im Park liegt auch das LVR-Römermuseum. Auf den Grundmauern des römischen Bades errichtet, gibt der moderne Bau die Dimensionen einer Basilika wieder. Auch die Ausstellungskonzeption ist auf der Höhe der Zeit: Klassische Vitrinen wechseln sich mit multimedialen Inszenierungen ab. Ein Großteil der Funde aus dem 1977 eröffneten APX wird hier ausgestellt. https://apx.lvr.de

Gastronomie:

Eiscafé Santin
Trotz starker Konkurrenz: Hier im Familienbetrieb am Markt gibt es das beste Zitroneneis weit und breit. www.eis-santin.de

Fisch & mehr
Imbiss mal anders: Back- und Räucherfisch, Salate und Kartoffeln in Markt-Nähe. www.fischundmehr-xanten.de

Petersilchen
Über Jahrzehnte immer weiter verfeinerte vegetarische Küche. Elegante Plätze drin, luftige an der Klever Straße. www.petersilchen-xanten.de

Gemütliche Festung

Moers

Als Moers 1975 durch Eingemeindungen Großstadt wurde, war die Sanierung der Altstadt schon einige Jahre im Gange. Daran konnte man anknüpfen, als die Zechen schlossen. Ähnlich wie Hattingen besann sich Moers im Strukturwandel verstärkt auf seine Altstadt als Wirtschaftsfaktor. Die originalen oder wieder aufgebauten schmucken Häuser, die jahrhundertealten Befestigungen und Straßenverläufe, die Kulturveranstaltungen und die fußläufige Einkaufsmeile mit den kleinen Läden und Lokalen garantieren einen stimmungsvollen Ausflug. Man sollte vielleicht nicht mit dem Rad kommen, denn für niederrheinische Verhältnisse ist die Zweirad-Infrastruktur in der Innenstadt nicht besonders gut. Dafür punktet Moers mit seiner sichtbaren Vergangenheit als Festungsstadt, mit Schlossmuseum, -park und -theater.

Ein idealer Startpunkt für einen Rundgang ist der Kastellplatz. Von dort sind sowohl Altstadt und Schloss gut zu Fuß erreichbar. Es ist zwar bequem, hier zu parken; andererseits ist dieser Ort als Parkplatz unter Wert verkauft, denn ringsum gibt es beeindruckende Bauten. Besonders augenfällig ist Haus Nr. 5 von 1900, das alte Landratsamt

2

Anreise Pkw/Parkplatz: Ein Parkleitsystem erfasst zwölf Parkplätze mit 2.500 Stellplätzen in der Innenstadt.

Anreise mit ÖPNV: Der Bahnhof Moers liegt 1.100 Meter östlich des Altmarkts.

Besonderheiten: Großstadt, Schloss, Schlosspark, Stadtbefestigung, Halden

im Stil der Neorenaissance. Heute können Sie darin Wissen und Kalorien zu sich nehmen, denn es beherbergt einen Teil der Volkshochschule und ein Wirtshaus. Ursprünglich wurde von hier aus der seinerzeitige Landkreis Moers verwaltet.

Der Landrat hatte es nicht weit nach Hause: Er wohnte im Weißen Haus, ebenfalls am Kastellplatz. Errichtet worden war es als „Privat-Anstalt für Gemütskranke", woraus man aber keine Schlüsse auf die hier getroffenen politischen Entscheidungen ziehen sollte. Ein weiteres weißes Gebäude im Biedermeierstil ist das Terheydenhaus. Daneben haben Archäologen Grundmauern freigelegt, die wahrscheinlich von einem Vorgängerbau des Schlosses und einem Gefängnis stammen.

Zwischen Terheydenhaus und Schloss steht das Denkmal der Oranier-Prinzessin Luise Henriette. Durch die Ehe mit dem „Großen Kurfürsten" wurde sie Kurfürstin von Brandenburg. Nebenan finden Sie eine historische Stadtansicht als Gussrelief.

Am Weg

Schloss Moers

Der Moerser Stadtbrand von 1605 vernichtete nicht nur Bauten, sondern auch Wissen. Die Ursprünge von Stadt und Grafschaft Moers sind darum Gegenstand unzähliger Spekulationen. Sicher ist, dass Moers sehr stolz auf seine Vergangenheit ist, und auf Schritt und Tritt wird man daran erinnert, in „der Grafschaft" zu sein.

Moers wurde im moorigen Gebiet des sich schlängelnden Rheins gegründet. Als Turmburg erbaut, geht das Schloss der Grafen von Moers wohl auf das 12. Jahrhundert zurück. 1300 bekam der Ort Stadtrechte, doch Schwung nahm die Entwicklung erst unter den Oraniern auf. Während ihrer Herrschaft 1597 bis 1702 ließen sie Moers zur Festung ausbauen. Von einem Grabensystem umgeben, bestand sie aus drei durch Wasser getrennten Komplexen: Schloss, Altstadt und Neustadt. Nach niederländischem Vorbild bildeten sie gemeinsam ein Fünfeck, dessen Südspitze, der wiederum fünfeckige Schlossbereich, die Zitadelle war.

Die Konturen des Festungsgrabens sind noch gut erkennbar, die beiden Inseln darin waren ehedem der Festung vorgelagerte Außenwerke. Zugeschüttet wurden dagegen die Wasserflächen zwischen Schloss, Altstadt und Neustadt.
Friedrich II. „der Große“ ließ die Festung schleifen: Der Unterhalt der veraltenden Anlagen wurde zu teuer. Der Wall blieb als Promenade erhalten. Das Schloss verfiel.
Ein Textilunternehmer kaufte es und ließ ringsum ab 1836 einen Park anlegen. 1905 übernahm die Stadt das Schloss und richtete ein Heimatmuseum ein. Das finden Sie unter dem Namen „Grafschafter Museum“ hier noch heute – und eine überregional bekannte Kultureinrichtung, das Schlosstheater Moers. Deutschlands kleinstes Stadttheater hat in den Katakomben Platz für 90 Gäste, nicht aber für eine Garderobe oder eine Hinterbühne. Das – und das Faible für gesellschaftspolitisch aktuelle Themen – schafft Nähe zwischen Ensemble und Publikum.
Das Museum dagegen richtet den Blick in die Vergangenheit. Originalgetreu möblierte Wohnräume früherer Epochen sind dort zu sehen, eine historische Puppensammlung, ein Lehmkuppelofen von 1200 und ein Musenhof mit einem Spiel- und Lerndorf für Kinder.
www.museum.de/museen/grafschafter-museum-im-moerser-schloss

Schloss Moers: einst Festung und Adelssitz, heute Museum und Theater

Am Weg

Schlosspark

Ihr Moers-Besuch sollte einen Abstecher in den Schlosspark beinhalten. Im Stil eines englischen Landschaftsgartens angelegt, befinden sich hier viele Baum-Raritäten, ein Rosengärtlein, Überreste der Festungsanlagen und ein Freizeitpark mit Minizoo, Spielgeräten, Minigolf, Eishalle und Schwimmbad. Das Moers-Festival, ein internationales Jazz-Spektakel, finden Sie freilich nicht mehr hier und auch nicht wie zuvor im Schlosshof, sondern mittlerweile in der Festivalhalle der Stadt.

Zur rechten Hand der Prinzessin liegt die 1871 im neugotischen Stil fertiggestellte katholische Kirche St. Josef. Der Backsteinbau hat einiges mitgemacht: Noch vor der Fertigstellung blies ein Sturm die Turmhaube um, 1929 brannte die halbe Kirche ab, 1942 wurde sie durch Bomben beschädigt. Gleich daneben steht das älteste katholische Gotteshaus der Stadt, vom protestantischen Preußenkönig 1773 genehmigt. Der gelb gestrichene frühklassizistische Bau diente bis vor kurzem als Kindergarten.

Nehmen Sie vom Kastellplatz die Haagstraße nach Westen, sehen Sie rechts die evangelische Stadtkirche. 1560 hielt die Reformation Einzug in Moers. An der Stelle eines Klosters entstand das Gotteshaus der Protestanten. Frisch renoviert, sieht es heute der katholischen Kirche nicht unähnlich: ein Backsteinbau mit neugotischem Turm. Davor lässt sich unter einer gewaltigen Blutbuche und am Märchenbrunnen gut rasten. Der klassizistisch verputzte Bau vis-à-vis ist das älteste Bürgerhaus der Stadt, es stammt aus dem

Das Peschkenhaus am Neumarkt

15. Jahrhundert und beherbergt unter dem Namen Peschkenhaus eine Galerie für zeitgenössische Kunst. Nun sind sie auf dem Neumarkt. Er liegt an der Stelle eines Wassergrabens, der Alt- und Neustadt voneinander trennte. Ein Denkmal ehrt Luise Henriettes Sohn, der sich als Friedrich I. zum ersten König „in" Preußen krönte. Herrscher „von" ganz Preußen wurden erst seine Nachfahren.

Zurück zur Haagstraße. An ihrem Ende, wo sie auf die Fieselstraße stößt, ist eine Häusergruppe aus der Zeit erhalten, als die Oranier in Moers regierten und bauten. Die Inschrift „1640" erinnert an die Bauzeit. Der Stil in Backstein mit erhöhten Eingängen und die Umlenkrolle des ehemaligen Außenaufzugs am Giebel zeigen den niederländischen Einfluss.

Das Klompenhaus

Parallel zur Fieselstraße verläuft ein schmaler mittelalterlicher Löschgang, dekoriert mit Zwergenfiguren. Das rote „Klompenhaus" an der Kreuzung zwischen Fiesel- und Neustraße stammt aus dem 17. Jahrhundert. Hier wurden früher Holzschuhe (Klompen) geschnitzt, darum heißt das Karree mit den niedrigen Häuschen und nostalgischen Laternen „Klompenwenkel".

Die Neustraße führt von hier schnurgerade vorbei am Neumarkt zum Altmarkt. Dies ist das Herz der Altstadt. Rund um ein weiteres Preußen-

Gemütlich wie die gesamte Moerser Altstadt: der Altmarkt

denkmal ballen sich Tische und Stühle der Außengastronomie. Ringsum sind schöne Fassaden von Bürgerhäusern aus dem 17. und 18. Jahrhundert erhalten. In Nr. 1 kam 1697 der Kirchenlieddichter Gerhard Tersteegen zur Welt.

Vom Altmarkt können Sie in keine Richtung etwas falsch machen. Kirch-, Friedrich-, Pfeffer- und Steinstraße sind autofrei und von kleinen Geschäften und Lokalen gesäumt. Vor einigen helfen Lego-Rampen über die Schwelle. Filialen von Handelsketten finden sich in der Steinstraße, ansonsten dominieren Fachgeschäfte für Mode, Künstlerbedarf, Bio-Nahrung, Spielwaren und was das Herz sonst begehrt. Auch die Gastronomie belebt die alten Bauten, ein Beispiel dafür ist das „Haus Rösgen" in der Kirchstraße 38 mit seiner klassizistischen Putzfassade.

Die Moerser Altstadt wurde Mitte der 60er bis Ende der 80er Jahre saniert. 2025 bis voraussichtlich 2033 wird die Fußgängerzone abschnittsweise erneuert: 85 neue Bäume sollen Schatten spenden, 120 Sitzmöglichkeiten, neues Pflaster, ein Wasserspiel am Neumarkt sind geplant. Vielleicht prüft man bei der Gelegenheit noch einmal die Geschmackssicherheit der Skulptur „Wirbelwird" in der Neustraße. Sie wurde errichtet „Den Bürgern zur Freude" und die beiden Ringelreihen Tanzenden, falls männlichen Geschlechts, freuen sich, nun ja, ausgesprochen offensichtlich.

Abstecher

Rheinpreußen und Meerbeck

Seine höchsten Erhebungen verdankt Moers dem Bergbau: Die Halden Rheinpreußen und Pattberg sind 103 und 85 Meter hoch. 1900 wurde Moers Bergbaustadt, als mit Rheinpreußen die Schächte der ersten Zeche auf linksrheinischem Gebiet abgeteuft wurden. In den 1990er Jahren endete der Bergbau auch hier.

Mindestens drei seiner Relikte sollten Sie gesehen haben: Zu den Übertageanlagen von Rheinpreußen gehört ein Stahlfachwerk-Förderturm, entworfen von den Architekten Fritz Schupp und Martin Kremmer und darum nicht zufällig dem von Zollverein ähnlich. Auf der begrünten Halde Rheinpreußen leuchtet seit 2007 die 28 Meter hohe Nachbildung einer Grubenlampe. Die Kolonie Meerbeck ist eine restaurierte Zechensiedlung im Stil englischer Gartenstädte.
https://das-geleucht.de

Gastronomie:

Autentico
Stimmungsvolles Restaurant mit italienischer Küche aus einer Mischung von Kalabrien und Niederrhein.
www.autentico-moers.de

Café Mehrhoff zum alten Brauhaus
Hochkalorische Leckereien in klassischem Kaffeehaus, Wintergarten mit Blick über Terrasse und Stadtgraben.
https://www.facebook.com/cafemehrhoff

Grafschafter Wirtshaus
Gasthaus mit Biergarten, bayrischen und rheinischen Schmankerln. Tipp: originell belegte Flammkuchen aus dem Steinofen.
www.wirtshaus-moers.de

Beten und bummeln

Mülheim-Saarn

600 Jahre lang bestand in Saarn ein Zisterzienserinnen-Kloster. Rund 30 Nonnen lebten und arbeiteten dort. Noch heute herrscht hier die entschleunigende Wirkung eines Klosters, nicht weit ist es bis zu den Ruhrauen, Feldern und Pferdekoppeln. Der denkmalgeschützte Klosterkomplex ist nach wie vor kultureller und emotionaler Mittelpunkt von Saarn. Darum ist es sinnvoll, seinen Besuch von Mülheims südlichstem Stadtteil hier zu beginnen. Er führt bis heute ein Eigenleben – bis hin zum eigenen Dialekt, dem niederfränkischen Ssaansch Platt, das freilich nur noch wenige in „aul Ssaan“ pflegen. Der Dorfkern ist klein, aber vielgestaltig. 70 denkmalgeschützte Gebäude, die katholische Kloster- und die evangelische Dorfkirche, rund 100 Geschäfte und Lokale warten in Saarn darauf, entdeckt zu werden!

Die Anfänge der Besiedelung Saarns liegen im Dunklen. Gesichert ist, dass zu Beginn des 13. Jahrhunderts die Zisterzienserinnen hier ein Kloster gründeten. Davon sind Bauteile aus dem 13. bis 19. Jahrhundert erhalten. Heute dienen sie als kulturelle Begegnungsstätte, zu Wohn- und kirchlichen Zwecken.

3

Anreise Pkw/Parkplatz: Über die B 1, Parken am Klostermarkt

Anreise mit ÖPNV: Ab Mülheim Hauptbahnhof mit dem Bus 135 bis Friedrich-Freye-Straße

Besonderheiten: Kloster, Dorfkern, Ruhrauen

An der Klosterstraße stehen Sie zunächst vor weiß gekälkten Backsteinbauten mit hübschen Fensterläden – dem ehemaligen Wirtschaftsbereich des Klosters, errichtet 1755. Er ist in 38 Wohnungen aufgeteilt. Wenn Sie durch den Torbogen den Innenhof betreten, sehen Sie am entgegengesetzten Ende der Anlage den Turm der Klosterkirche aufragen. Die gelb gestrichene städtische Bürgerbegegnungsstätte mit Klostercafé ist Treffpunkt für Konzerte, Kindertheater, Tanztee und Ausstellungen.

Der Zugang zu Klosterhof und -garten

Den Eingang zur Klosterkirche finden Sie im Süden der Anlage. Davor liegt unter einem großen Kreuz seit 1822 die letzte Äbtissin begraben.

Die Kirche erhielt ihre heutige Gestalt im 19. Jahrhundert. Pastelltöne verleihen der Architektur Leichtigkeit. Hier findet seit 1985 die Konzertreihe „Musik im Kloster Saarn“ mit anspruchsvoller Kirchenmusik statt.

Die Klosterkirche

Sehenswert ist der stille Kreuzgang. Er ist ganz in schlichtem Weiß gehalten, farbige Kontraste setzen die Wappen der Äbtissinnen und Grabplatten an den Wänden.

In Kellergewölben führt ein kleines Museum durch 600 Jahre Klostergeschichte. Besonders anschaulich sind die Nachbildungen von Geländeschnitten mit archäologischen Funden. Die professionell gemachte Ausstellung geht auch auf die Nutzung der Gebäude nach der Aufhebung des Klosters 1808 ein. So ist eine Schusswaffe ausgestellt, denn die Räumlichkeiten dienten zeitweise als Gewehr- und Tapetenfabrik.

Als Außenstation des Museums hat der „Verein der Freunde und Förderer des Klosters Saarn" einen Kräutergarten angelegt – allerdings nicht an historischer Stelle, denn der mittelalterliche Klostergarten lag am Hang zum Mühlenteich. Doch ist das etwa 80 Quadratmeter kleine heutige Gärtlein nach mittelalterlichem Vorbild in vier kreuzförmig angeordnete Beete geteilt. Klosterbienen bestäuben die rund 100 heimischen Pflanzenarten.

Tipp

Kräuter und Konzerte im Kloster

Museumsbesuch und App informieren ausführlich über Geschichte und Architektur des Klosters. Darüber hinaus können Sie an Führungen durch den Kräutergarten teilnehmen. Unter den vielen Kulturveranstaltungen sind die Klosterkonzerte das Highlight.

www.Kloster-Saarn.com

www.musik-im-kloster-saarn.de

Saarns grüne Umgebung lädt zu Spaziergängen ein.

Schräg über die B 1 erreichen Sie den Klostermarkt. Die Schule stammt aus dem Jahr 1912. Sie soll ursprünglich vier Toiletten gehabt haben: je eine für evangelische und für katholische Jungen und Mädchen. Die Türrahmung zitiert Evergreens wie „Übung macht den Meister".
Am Klostermarkt beginnt die Düsseldorfer Straße. Dies ist die Flaniermeile Saarns – auch wenn Poller, Kübel und Falschparker Fußgänger oft zum Slalom zwingen.
Wenn Sie sich längs der Düsseldorfer bewegen und auch mal in Quer- und Parallelstraßen, finden Sie mehr Gastronomiebetriebe als Platz dafür in diesem Kapitel, und der Einzelhandel ist ganz überwiegend klein, inhabergeführt und traditionsreich. Da gibt es Feinkost-, Mode- und Schmuckläden, einen Fahrrad- und einen gut sortierten Bastelladen, Optiker, eine Buchhandlung und vieles mehr.
Die Kaufleute bringen zu jeder Menge Veranstaltungen Publikum auf die Beine. Einmal im Jahr verfällt auch der rollende Verkehr ins Schritttempo, wenn rund 100 Oldtimer zum Saarner Cup Nostalgie und Abgase verbreiten.
Viele der Gebäude, die die Kulisse bilden, stehen unter Denkmalschutz. Haus Nr. 4 ist gleich ein besonders schönes Beispiel dafür: Das Fach-

werk des zweigeschossigen Traufenhauses mit den grünen Fensterläden verbirgt sich hinter regionaltypischer Verschieferung.
Nr. 6, 9 und 13 sind große Fachwerkhöfe, Nr. 52 ein kleinerer. Zwischen diesen dörflich wirkenden Gebäuden wurden Backsteinbauten errichtet wie etwa Nr. 12, ehemaliges Gästehaus des Klosters. Davor setzte Otto Pankok mit der Skulptur des Kinds mit Ball dem Sinti-Mädchen Ehra ein Denkmal, das die Nazis ins KZ verschleppten.
Der Bildhauer, Grafiker und Maler Pankok wurde 1893 in Saarn geboren. Sein Geburtshaus ist in der heutigen Otto-Pankok-Straße 63 erhalten. Eine Äbtissin ließ es 1735 als ihr Wohnhaus errichten.
Am Ende der Düsseldorfer Straße mischen sich Bauten späterer Generationen zwischen die Zeitzeugen der Klosterzeit. Besonders ins Auge fallen das ehemalige Postamt von 1928 (Nr. 102) und die neoklassizistische Villa Nr. 103.

Wenn Sie durch die ländliche Umgebung Saarns wandern, stoßen Sie auf alte Kotten und Höfe. Für alle gilt der Sinnspruch über der Eingangstür vom Biergarten in der Düsseldorfer Straße 9: „Man reißt das Haus nicht ein, das Väter uns erbaut, doch richtet man sich's ein, wie man's am liebsten schaut."

Das Geburtshaus des Künstlers Otto Pankok

Abstecher

Kirchenhügel Mülheim-Mitte

Im 21. Jahrhundert steuert Mülheim die Stadtentwicklung hin zum Wasser. Davor drehte die Stadt der Ruhr eher den Rücken zu, und die missratene Nachkriegssanierung zerstörte viel von der wenigen Bausubstanz, die die Bombenangriffe übrig gelassen hatten. Darum ist es erstaunlich, dass in Mülheims Mitte am Kirchenhügel Reste der Altstadt erhalten sind. Selbst dieser Bereich wurde nur gegen heftigen Widerstand 1983 unter Denkmalschutz gestellt.

Der Kirchenhügel ist die Keimzelle Mülheims. Der Turm der evangelischen Petrikirche dominierte die Stadtsilhouette bis zur Errichtung der vier prägenden Hochhäuser Anfang der 70er Jahre. Die romanisch-gotische Gestalt von St. Petri lässt sich trotz Umbauten und schwerer Bombenschäden noch erkennen. Der massive Sandsteinturm deutet eine wehrhafte Vergangenheit an.

Den Brunnen an der Petrikirche ziert nicht die Figur eines Heiligen, ganz im Gegenteil: Es stellt den sprichwörtlichen „verbummelten Studenten" Hieronimus Jobs dar. Die „Jobsiade" ist eine Schöpfung des Mülheimer Arztes und Schriftstellers Arnold Kortum, der hier 1745 zur Welt kam.

Vor der Nordseite der Petrikirche erinnert ein Gedenkstein an Gerhard Tersteegen. Das Geburtshaus des Kirchenlieddichters steht in Moers, aber den Großteil seines Lebens verbrachte er in Mülheim, unter anderem als Laienprediger. Sein ganz in der Nähe der Petrikirche gelegenes Wohnhaus in der Teinerstraße 1, ein fast 500 Jahre alter Fachwerkbau, wird bis 2026 restauriert; hier ist das Heimatmuseum der Stadt untergebracht.

Das zweite Gotteshaus auf dem Kirchenhügel ist konfessionell und architektonisch anders verortet. Massiv ragt die katholische Marienkirche

(St. Mariä Geburt) von 1929 auf. Der kubische, verklinkerte Stahlskelettbau ist nicht unähnlich den Fördertürmen und anderen Industriebauten aus dieser Epoche des „Neuen Bauens".
Fast gleichzeitig und in ähnlicher Formensprache entstand das benachbarte Gemeindehaus „Altenhof" mit seiner markanten Natursteinfassade. Errichten ließ es aber nicht die katholische, sondern die evangelische Gemeinde.
Die vom Kirchenhügel auf die Bachstraße herunterführende Treppe heißt Friedenstreppe. Unter dem Eindruck des Irakkriegs von 2003 wurden an den Stufen Messingschilder montiert, die in 54 Sprachen das Wort „Frieden" tragen.
Das Dorf Mülheim wuchs vom beengten Kirchenhügel weg zur Großstadt. Das Kleineleuteviertel aus verschieferten Fachwerkhäuschen rund um die Petrikirche fiel aber nicht ganz in Dornröschenschlaf. Aus den 1860er Jahren stammen zwei erhaltene klassizistische Bauten an der Kettwiger Straße im Süden des Kirchenhügels: die Rahmenschule und das Waisenhaus. Hier und im Bereich der Bogenstraße sind auch einige verwinkelte Gassen mit Fachwerk erhalten. Den historischen wie baulichen Übergang zur Großstadt markieren die Gründerzeitbauten an der Friedrichstraße: Das Hotel Handelshof von 1904 und eine Reihe repräsentativer Villen führten zum Spitznamen „Straße der Millionäre".

Gastronomie:

Der Holländer
Wenn Sie mal nicht bis Venlo fahren wollen: Kibbelinge, Patat, Frikandel, Kroket und Matjes stammen aus Holland.
https://hollaender-imbiss.de

Enoteca San Lorenzo
Ländliche italienische Küche mit wöchentlich wechselnder Karte, Weine, Feinkost und Plätze unterm Apfelbaum.
https://enoteca-san-lorenzo.de

Asia
Asiatisches Restaurant, in dem die Speisen frisch zubereitet werden, darunter besondere Eigenkreationen.
www.asia-saarn.de

Tuchmacherstädtchen
im Ruhrbogen
Essen-Kettwig

Kettwig ist der flächenmäßig größte Stadtteil Essens. Hier gibt es ausgedehnte Felder, Weiden und Wälder. Die Altstadt dagegen ist vergleichsweise klein. Rings um sie herum entstehen immer neue Wohnbauten, denn die Menschen wollen da wohnen, wo es schön ist – bis so viele da sind, dass es nicht mehr schön ist. Dieser Punkt ist noch nicht erreicht: Durch die Lage am Ruhrufer, die vielen erhaltenen Baudenkmäler und den Skulpturenpark wirkt Kettwig auch heute noch malerisch. Zu den anderen Essener Stadtteilen wird traditionell Abstand gehalten, räumlich wie mental: Die Eingemeindung des 1857 zur Stadt erhobenen Orts nach Essen 1975 haben viele Kettwiger bis heute nicht verwunden. Beschweigen Sie das Thema darum taktvoll, wenn Sie sich einem der ehrenamtlichen Gästeführer an der Ruhrbrücke anvertrauen.

900 Meter Fußweg haben Sie zu gehen vom S-Bahnhof bis zum Kettwiger Rathaus. Unterwegs gibt es aber bereits Interessantes zu entdecken, angefangen mit dem Bahnhof selbst. 1873 erbaut, stand das klassizistische Gebäude viele Jahre leer, bis bürgerschaftliches Engagement es rettete. Seit 2003 dient es als Kultur- und Sportzentrum mit Restaurant.

4

Anreise Pkw/Parkplatz: Gratis am S-Bahnhof Kettwig und am Schwimmbad, Im Teelbruch 10-12, 45219 Essen

Anreise mit ÖPNV: S 6 bis Kettwig S-Bahnhof, Bus 142, 151, 180 bis Kettwiger Markt

Besonderheiten: Flusspromenade, Stausee, Skulpturenpark, Brunnen, Industriekultur

Kettwiger Rathaus

Die Früchte solchen Engagements begegnen Ihnen in Kettwig auf Schritt und Tritt. Viele Einheimische sind bereit zu spenden und anzupacken, wenn es um ihre Heimat geht. Auch der Skulpturenpark Kettwig entstand so. Mit inzwischen 15 über die Altstadt verstreuten Kunstwerken setzt er Akzente. Auch was da vor dem Bahnhof rostend aufragt, sind nicht etwa Fahnenmasten, sondern erste Kunstwerke.

Die Ruhrtalstraße geht auf halber Strecke in die Hauptstraße über. Ab hier säumen Villen den Weg. Sie zeugen davon, dass man in Deutschland einmal reich werden konnte mit der Textilproduktion: Kettwig lebte davon jahrhundertelang.

Auch das Rathausgebäude war ursprünglich Tuchfabrik. Heute sind hier das Heimatmuseum und ein Trauzimmer untergebracht. Auf dem Rasen davor steht die Figurengruppe „Die Familie“, in der Nähe die abstrakte Edelstahlplastik „BreKloSku“ – eine breite, klobige Skulptur. Auf der anderen Straßenseite streunt ein bronzenes Wildschwein; spannend wird es erst, wenn man das tapfere Schneiderlein entdeckt, das auf einer Säule kauernd das Tier zu überlisten sucht.

Gegenüber liegt der schmale Marktplatz. Die klassizistischen Bürgerhäuser wurden von Kaufleuten erbaut.

In der Haustür von Nr. 73 erkennen Sie den Stab des Handelsgotts Merkur. Einem anderen Gott dient in Nr. 83 die evangelische Gemeinde.

Am Weg

Ruhrpromenade

Eine grüne Promenade führt auf dem Kettwiger Ufer unter der Ruhrbrücke hindurch. In Brückennähe steht die Skulptur einer Tuchrolle als Referenz an den Stoff, der Kettwig „betucht" gemacht hat. Fahrgastschiffe, Segelboote und ein Restaurantschiff liegen vor Anker. Neben der Eisenbahnbrücke sind Fundamente einer weiteren zu sehen, 1945 von der Wehrmacht gesprengt. Fast der gesamte Ruhruferbogen lag brach, nachdem Garnspinnerei und Metallfabriken stillgelegt wurden; inzwischen ist das Gelände am Stauseeufer komplett mit kubischen „Townhouses" bebaut.

Nun sind Sie im Herzen der Altstadt: Im Halbkreis um die schlichte evangelische Kirche blieb ein enger Kranz historischer Wohnhäuser erhalten. In dieses Ensemble wurde alles konzentriert, was typisch ist für die Kettwiger Architektur: Sandstein, Fachwerk, Schiefer und kunstvoll gestaltete Holztüren. Auf dem ehemaligen Friedhof rings um die Kirche lässt sich gut rasten und die Aussicht auf die Ruhrbrücke genießen.

Die ehemalige Tuchfabrik und die Kirche prägen das Stadtbild.

Abstecher

Vor der Brücke

Altes Fähr-, heute Gasthaus

Ein Abstecher über die Ruhrbrücke lohnt nicht nur, weil es an beiden Enden leckeres Eis gibt: Auch der Ortsteil namens Vor der Brücke wartet mit sehenswerten Baudenkmälern auf (und mit dem S-Bahnhof Kettwig Stausee). Am Ruhrufer liegt das ehemalige Fährhaus. An der Kirche fließt der Rinderbach vorbei, 200 Meter bachaufwärts steht die alte Ringersberger Kornmühle. Dazwischen finden sich Fachwerkbauten. An der Außenwand des Hotels an der Ringstraße ist eine der Garnspindeln des Weberbrunnens montiert.

Gegenüber blieb eine Backstein-Villa von 1888 erhalten – im Originalzustand: Der Landwirt Hugo Karrenberg hatte das testamentarisch verfügt. Er war das, was man einen komischen Kauz nennt. Er besaß 34 Hektar Land, sparte sich für seine Villa aber die Heizung und ging aus Sparsamkeit zum Fernsehen zu Nachbarn. Als er 1993 kinderlos im Alter von 99 Jahren starb, vermachte er sein Eigentum dem Staat. Der hatte erhebliche Kosten, Immobilie und Garten zu restaurieren.

Sie können sich nun für eine kurze oder eine längere Runde entscheiden. Die kurze führt die Kirchtreppe herab und über die Ruhrstraße zurück. Die andere ist drei Textabsätze länger:

Bummeln Sie von der Kirche die Hauptstraße mit ihren Lokalen und kleinen Geschäften entlang. Die weiß getünchte Nr. 107 ist sehr schmal, aber so tief, dass ein Einrichtungsladen darin Platz fand. Rechts zweigt die Kaiserstraße ab, fast geschlossen wurde die Bebauung dort bewahrt. Vieles ist hier am Rande des Ruhrgebiets bereits im Bergischen Dreiklang gehalten: Schwarz sind die Balken, weiß die Ausfachungen, grün Türen und Fensterläden. Oft kommen Schieferplatten dazu; an einem Haus der Kaiserstraße formen sie eine aufgehende Sonne.

Abstecher

Touren durchs Grüne

Kettwigs Altstadt und Umgebung lassen sich auf dem Panoramasteig erwandern. Die 34,4 Kilometer teilt man sich besser in zwei Etappen ein. Der Südteil führt durch Wälder, der Nordteil über Felder.

Nicht berührt von den Wanderwegen werden die Ruhrauen in Mintard, einst zur Stadt Kettwig gehörig, jetzt zu Mülheim. Dafür verläuft dort der Ruhrtalradweg. Die 232 Kilometer lange Strecke längs der Ruhr ist zu Recht ein großer Erfolg des Ruhrgebietstourismus und verbindet unter anderem die Altstädte von Herdecke, Hattingen, Blankenstein, Werden, Kettwig, Mülheim und Saarn.

Zurück auf der Hauptstraße, biegen Sie in die Ruhrstraße nach Süden ein. Der Zwiebelturm von St. Peter weist Ihnen den Weg. An dem klassizistischen Kirchenbau war Karl Friedrich Schinkel beteiligt. Die Fabrikantenvilla daneben wird als Kindergarten genutzt.

Nun geht es die Ruhrstraße bergab. Diese gepflasterte Partie ist besonders idyllisch, weil die Anwohner vor den restaurierten historischen Bauten winzige Vorgärtlein pflegen.

Wo die Ruhrstraße auf die Kirchtreppe trifft, weitet sie sich zum Tuchmacherplatz. Die Treppe wird gesäumt von Fachwerkbauten und bewacht von der Figur des Nachtwächters.

St. Peter

Am Tuchmacherplatz endet die Kirchtreppe.

Weberbrunnen

Die Häuser am Platz stammen aus dem 17. und 18. Jahrhundert. Der Brunnen erinnert seit 1992 an die Webertradition Kettwigs, sie endete 1975. Die Skulptur in Form eines Webstuhls, an dem die herabfallenden Wasserfäden für die Kettfäden stehen, fand sogar Gnade in den Augen der ehemaligen Textilarbeiter, die dem Skulpturenpark sonst eher skeptisch gegenüberstanden. Zur Finanzierung wurden zwölf bronzene Garnspindeln verkauft. Einige können Sie versteckt in der Altstadt finden, eine direkt beim Brunnen.

Am tiefsten Punkt der Ruhrstraße empfiehlt sich ein Abstecher nach Süden. Der stadtbildprägende Backsteinbau war das Turbinenhaus einer Tuchfabrik. Dieses Stück Industriekultur von 1901 verfiel jahrzehntelang, bis es zu schicken Lofts umgebaut wurde. Die kleine Sandsteinbrücke über den Mühlengraben ließ 1786 der Werdener Abt errichten, sein Wappen ist noch zu sehen. Kettwig gehörte jahrhun-

Die Brücke über den Mühlengraben

dertelang zu Werden. Das historische Verhältnis zwischen den beiden Kleinstädten bringt der boshafte Stammesspott auf den Punkt, dass die Werdener in die Ruhr pinkeln, weil flussabwärts die Kettwiger ihr Trinkwasser daraus beziehen.

Abstecher

Vier Festungen

Viele Reiseführer erwähnen vier mittelalterliche Befestigungsanlagen, zu denen Sie von Kettwig aus spazieren können. Die Abstecher lohnen sich, sofern Sie in Kauf nehmen, dass Sie nur von außen einen Blick werfen dürfen.

Das berühmteste Kettwiger Schloss ist Hugenpoet, gelegen zwischen Vor der Brücke und Mintard in den feuchten Ruhrauen. Der Name bedeutet auf Hochdeutsch Krötenpfuhl: Es handelt sich um ein Wasserschloss. Hugenpoet ist heute ein Luxushotel. Zutritt haben Sie als Hotelgast, zu Veranstaltungen und in das herausragende Hotel-Restaurant.

Am Hang darüber liegt Schloss Landsberg. August Thyssen kaufte 1903 die mittelalterliche Anlage, ließ sie zu seinem Wohnsitz umbauen und sich später darin beisetzen. Schloss und Park sind im Besitz einer Stiftung der Familie Thyssen und werden vom Konzern als Tagungsstätte genutzt.

Von Burg Luttelnau am Ruhruferweg ist nur die Ruine eines Turms übrig. Der Rest verfiel wohl schon vor Jahrhunderten. Der Sage nach sammeln sich hier zwischen Kettwig und Werden nachts Krieger des germanischen Stammes der Chatten, darum wird die Ruine Kattenturm genannt.

Gegenüber am anderen Ufer liegt Schloss Oefte. Die uralte Anlage wurde zwischen 1850 und 1961 so umgebaut, wie man sich einen romantischen Rittersitz vorstellte. Sie ist Sitz eines Golfclubs.

Nur gucken, nicht betreten: Schloss Oefte

Gastronomie:

Weincafé Cuvée
Gemütliches, winziges Weinlokal im grottenähnlichen Parterre des wohl ältesten Steinhauses Kettwigs.
www.facebook.com/WeinCafeCuvee

Gasthaus Alte Fähre
Seit 1867 werden direkt am Ruhrufer Gäste bewirtet. Tolle Aussicht vom Biergarten!
https://alte-faehre.de

Casa Lodato
Gehobene italienische Frischeküche in traumschön restauriertem Altbau mit Mosaikboden.
https://casa-lodato.de

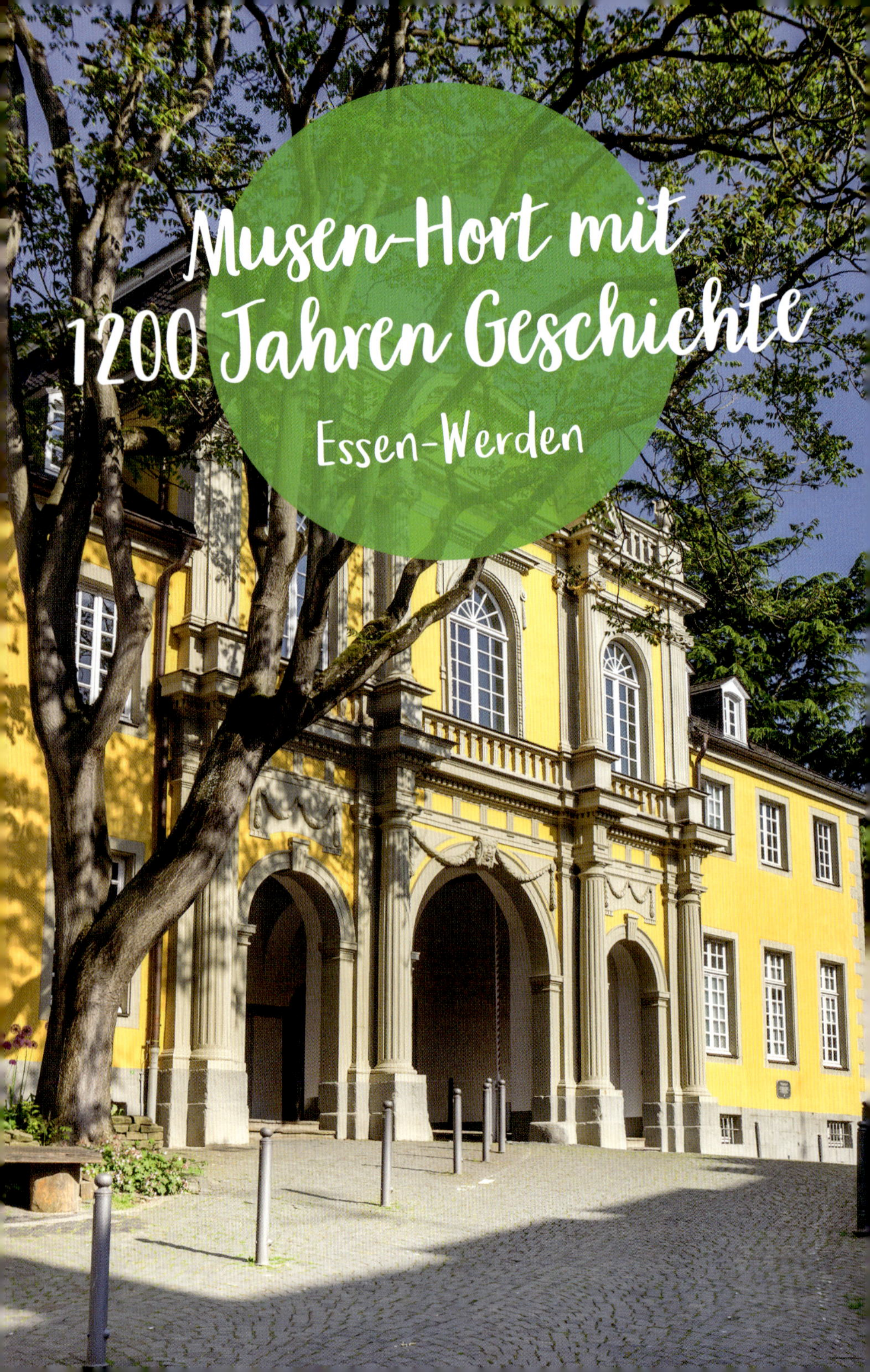
Musen-Hort mit
1200 Jahren Geschichte
Essen-Werden

Werden, die Keimzelle der Christianisierung des heutigen Reviers, war so katholisch, dass der Gründervater heiliggesprochen wurde – und der Karneval derartig ausuferte, dass die Obrigkeit ihn verbot. Jedes Jahr tragen die Werdener ihren Stadtpatron durch die Straßen und feiern die Appeltatenkirmes, freilich ohne Apfeltorte. Abgesehen davon löst das alte Weberstädtchen aber alles ein, was Sie sich von einem Altstadtbesuch versprechen: Die engen Gassen mit den liebevoll sanierten Häusern laden zum Bummeln ein. Gastronomie und Einzelhandel bieten viel Abwechslung. Das Kulturangebot ist beachtlich, der Stadtpark im Fluss einzigartig und die Lage zwischen der Ruhr und den ersten Höhenzügen des Bergischen Lands unschlagbar. Kommen Sie mit an einen Musen-Hort mit zwölfhundertjähriger Geschichte!

Vom Bahnhof haben Sie gleich einen guten Überblick. Vor Ihnen liegt die Ruhrbrücke. 1968 in Beton gegossen, wirkt sie völlig überdimensioniert, mit einem Flugzeugträger verglich die Heimatzeitung sie einmal. Heimatzeitung, so etwas gibt es hier noch, wie auch weitere Besonderheiten.

5

Anreise Pkw/Parkplatz: Parkplätze am S-Bahnhof Essen-Werden und am Platz Werdener Feintuchwerke

Anreise mit ÖPNV: S-Bahnhof Essen-Werden (S 6). Die Ruhrbrücke verbindet den Bahnhof mit der Altstadt.

Besonderheiten: Basilika, Universität der Künste im ehemaligen Kloster, Stadtpark im Fluss, Brunnen, Stausee

Die im hügeligen Essener Süden hausenden „Bergvölker", wie sie der dienstälteste Ortspolitiker gern nennt, pflegen eigene Mundart und eigenen Sinn und schauen, sagt man ihnen nach, auf den flachen (und weniger wohlhabenden) Norden durchaus herab.
Linker Hand liegt Werdens Park im Fluss, die Brehminsel. Weiter hinten ragt die schlanke Turmspitze der evangelischen Kirche auf. Rechts beherrscht die katholische Basilika das Bild. Hätten Sie erkannt, dass beide Kirchtürme exakt gleich hoch sind? Der Backsteinturm noch weiter rechts gehört zur Folkwang-Universität in den Gebäuden des einstigen Klosters.
Die B 224 schlug eine Schneise durch die Altstadt. Wir halten uns links, nehmen die Brückstraße und gehen unter den Arkaden hindurch zum Rathaus der bis 1929 selbstständigen Stadt.

Der Ludgerusbrunnen vor dem Rathaus (Tipp: Jugendstil-Kamin im Obergeschoss) und der Hirschapotheke

Das Gebäude wurde 1880 errichtet und später im Stil der Neorenaissance umgebaut. Heute sind darin Polizeiwache und Bibliothek untergebracht. Sehr hübsch ist die Hirschapotheke in ihrem klassizistischen Bau von 1824.
Nach rechts haben Sie von hier einen prächtigen Blick auf die Basilika – und auf das Jugendstilhaus mit der Eisdiele, deren Leckereien besonders gut am Ludgerusbrunnen schmecken .

Abstecher

Kloster und Universität

Die Basilika

Das Benediktinerkloster beherrschte und prägte tausend Jahre lang Werden und das Werdener Land. Es war eine Gründung des Missionars Liudger. Von hier aus begann 799 die Christianisierung des heutigen Ruhrgebiets. Inzwischen heiliggesprochen, ruht Liudger in der Krypta der Basilika. Nur am ersten Septemberwochenende ist er auf Tour: Dann schultern Werdener Katholiken seinen Sarg und tragen ihn in einer Prozession durch die Altstadt, ein Gelübde aus dem Jahr 1128 einlösend, als man St. Ludgerus die Abwehr einer Hungersnot zuschrieb.
Die Basilika erhebt sich auf einem hochwassersicheren Hügel. Gut ablesbar ist der „rheinische Übergangsstil" von der Romanik zur Gotik, sehenswert der Kirchenschatz. Daneben liegen die Klostergebäude. In diesem kulturellen Zentrum verfassten die Mönche viele Handschriften, darunter das älteste Zeugnis mehrstimmiger Musik im Abendland. 1802 fielen Stadt und Kloster an Preußen.
Sie betreten die Abtei durch das von einer Fratze gekrönte Torhaus. Den weiten Innenhof umschließen nicht nur barocke Bauten. Die Nordseite belegt der „Preußenflügel"; die neuen Besitzer richteten darin ein Zuchthaus ein. Der minimalistische Neubau im Süden beherbergt eine erstrangige musikwissenschaftliche Bibliothek.
Denn heute ist die Abtei wieder ein Musenhort: Sitz der Folkwang-Universität der Künste. Nehmen Sie sich an einem warmen Tag Zeit für eine Rast im Innenhof. Je nachdem, wer gerade die Fenster auflässt, werden Sie unterhalten von Gesang, Musik oder dem Geklirr des Bühnenfechtens.
Auch hier, südlich der B 224, setzt sich die Altstadt fort. In der Straße Wesselswerth sind Gründerzeitbauten erhalten, darunter eine Reichsbank-Nebenstelle (Nr. 9) von 1902 und das frühere Amtsgericht

von 1879 (Nr. 10) mit der Jugendarrestanstalt; heute verbringt der Nachwuchs hier frohere Stunden, denn das Gerichtsgebäude ist Sitz des Jugendzentrums.

Von Werdens Vergangenheit als Weberstädtchen zeugt der Leinewebermarkt mit seinen Fachwerkhäuschen im Bergischen Stil des 18. Jahrhunderts. Nr. 7, die alte Abteischänke von 1784, war lange Stammlokal der Folkwang-Künstler und könnte viel erzählen. Die Fassadeninschrift lautet nicht ohne Grund „Gott schütze dieses Haus vor Not und Feuer, Stadtplanung und Steuer".

Barocker Klosterbau, jetzt Universität

Biegen Sie links in die Heckstraße ein. Sie und die Gassen der Umgebung werden gesäumt von Lokalen und kleinen Geschäften. Die Treppe am Pelikanbrunnen führt hinauf zum Haus Fuhr, 1832 im Bergischen Stil als evangelische Kirche errichtet, heute Veranstaltungszentrum der Gemeinde. Der gehört auch Haus Heck, ein mittelalterlicher Wohnbau mit massivem Turm.

1900 waren die Protestanten zahlenmäßig und dank der Familie Krupp auch finanziell in der Lage, eine neue Kirche bauen zu lassen. Ihren Turm haben Sie ja schon gesehen. Auch sie steht an der Heckstraße. Äußerlich sieht sie aus wie viele Kirchen ihrer Zeit, ausgemalt ist der Zentralbau aber mit wunderschönen floralen Jugendstil-Ornamenten.

Noch ein weiteres Gotteshaus, das Sie besichtigen sollten, liegt an der Heckstraße. Selten finden Sie eine so stilechte romanische Basilika wie die 1063 geweihte Luciuskirche.

Auch die weltlichen Gebäude der Heckstraße verdienen Beachtung. Eine der Villen ist das klassizistische Bürgermeisterhaus von 1833, heute Kulturzentrum in freier Trägerschaft. Die Straße endet an der Neukircher Mühle. Mit etwas Glück hören Sie darin die Studierenden der Folkwang-Uni Musicals proben.

Zurück geht es am Ruhrufer entlang bis zum Biergarten gegenüber der Brehminsel. Spazieren Sie hier leicht bergan in die Grafenstraße, Werdens Haupteinkaufsmeile. Unter den vielen Baudenkmälern sei Hausnummer 59 erwähnt: Das Weberhaus von 1756 hat zwei verschiedene Geschosshöhen. In den beiden höheren Etagen in der linken Hälfte standen die großen Webstühle, zum Wohnen begnügte man sich mit den drei niedrigen Geschossen rechts.

Abstecher

Parks und Gärten

Werden hat vier Parks und öffentliche Gärten. Die Brehminsel ist der einzige im Fluss gelegene Stadtpark des Ruhrgebiets. Die entsprechend begehrten Plätze müssen Sie sich mit mit Sportlern, Shisha-Wolken und Kanadagänsen teilen. Zwischen alten Bäumen und jüngeren Skulpturen ist in diesem englischen Landschaftspark immer was los. Beschaulicher geht es zu hinter der Basilika: Ehrenamtler haben hier die Tradition des benediktinischen Klostergartens wiederbelebt.

Ohne Freiwillige gäbe es auch den Dingerkusgarten an der Brandstorstraße nicht mehr. Ein Verein pflegt das Gärtlein um das spätbarocke Gartenhaus von 1790.

Ein Geheimtipp ist der Park des Kardinal-Hengsbach-Hauses auf dem gegenüberliegenden Ruhrufer: Er nimmt englische und japanische Gartentraditionen auf. Mittendrin steht das ehemalige Priesterseminar. 2022 verkaufte das Bistum Haus und Park an einen Investor, im Gebäude kamen zunächst Kriegsflüchtlinge unter.

Weberhaus mit unterschiedlichen Geschosshöhen

Fachwerk in der Hufergasse

Die Grafenstraße kreuzt ein weiteres Stück Fußgängerzone, die Hufergasse. Dort befindet sich ein Kandidat für den Titel „ältestes Essener Wohngebäude“: Das Romanische Haus wurde im 12. Jahrhundert erbaut, an der Giebelseite können Sie zugemauerte Rundbogenfenster und Kapitelle erkennen. Im Parterre bewirtet Sie ein Bistro. Links vom Eingang führen von Bruchsteinmauern gesäumte Gässchen zurück zu Brück- und Grafenstraße.

In der Fußgängerzone und an den umgebenden Straßen entdecken Sie originelle Läden. In der Hufergasse gibt es ein Käsegeschäft und eine Konditorei für ausgefallene Torten – und die „Abraham“-Figur, ein Backwerk, das man nach niederländischer Tradition in Werden zu 50. Geburtstagen verschenkt (weil in der Bibel bezweifelt wird, dass Jüngere Abraham gesehen haben können). Apropos Tradition. Der Werdener Karneval lockte bis zu 50.000 Gäste in die kleine Altstadt, wo junge Frauen in den Witwengewändern ihrer Großmütter es als „Aule Wiewer“ krachen ließen. Unmengen Bier flossen, aber es gab zu wenige Toiletten, und auch sonst soll sich in Hauseingängen und Gebüschen Unaussprechliches zugetragen haben. 1955 wurde das wilde Treiben verboten. Es dauerte Jahrzehnte, bis es nun wieder einen Umzug am Karnevalssonntag gibt – mit Bollerwagen, klein, fein und familientauglich.

Abstecher

Baldeneysee und -steig

Flussaufwärts der Altstadt staut ein Wehr die Ruhr zum Baldeneysee. An seinen Ufern gibt es Kurzweil jeder Art – sogar eine Badestelle („Seaside Beach"), bis zur Eröffnung von weiteren 2022 in Bochum und 2023 in Mülheim war sie die einzige legale in der gesamten Ruhr. Der Wanderweg Baldeneysteig führt über 25,6 Kilometer abwechslungsreicher Strecke rund um den See mit schönen Ausblicken auf Werden, Villa Hügel und die grüne Umgebung.

Gastronomie:

Kikas
Die traditionsreichste der drei Werdener Eisdielen bietet 24 Sorten aus eigener Produktion, Sitzplätze auch am Ludgerusbrunnen.
www.kikas.de

Kamota
Sternengekrönte Küche mit österreichischem Einschlag; beste Qualität und beste Lage in der Fußgängerzone haben ihren Preis.
https://kettnerskamota.de

Seizoen Wohncafé
Holländisch angehauchtes Café. Kuchen und Poffertjes schmecken auch draußen an der Grafenstraße oder im lauschigen Hinterhof.
www.seizoen.de

Freiheit in Fachwerk

Herten-Westerholt

Als „westfälisches Rothenburg" wird das Alte Dorf Westerholt beworben. Sie müssen aber keine Sorge haben, dass hier busladungsweise Interkontinentalreisende durchpreschen oder sich in Touristenfallen der Tand stapelt. Auch ist von musealer Erstarrung in Westerholt nichts zu spüren: Das kleine Fachwerk-Idyll ist zwar beschaulich, aber lebendig, wird es doch von rund 400 Menschen bewohnt. Es gehört zu Herten, das viel mehr zu bieten hat als eine Vergangenheit als größte Bergbaustadt Europas. Darum macht es nichts, dass ein Bummel durch die verwinkelten Gassen Westerholts nicht tagesfüllend ist: Kombinieren Sie ihn doch einfach mit einem Besuch im Schlosspark oder auf der Halde zu einem Tagesausflug. Ansonsten können Sie dahin gehen, wo der Spargel wächst: in ein weiteres Hertener Dorf.

59 Gemeinden haben es in die Arbeitsgemeinschaft historische Stadt- und Ortskerne in NRW geschafft. Nur sechs aus dem Ruhrgebiet bestanden vor einer vom Bauministerium berufenen Fachkommission: Xanten, Hattingen, Hattingen-Blankenstein, Unna, Werne und das winzige Herten-Westerholt.

6

Anreise Pkw/Parkplatz: Mühlenkampstraße/Ecke Ostwall

Anreise mit ÖPNV: Ab Herten-Mitte Bus 211 und 212 bis Schloßstraße; die Bahn plant, Westerholt künftig mit der S 9 anzufahren.

Besonderheiten: Geschlossene Fachwerksiedlung, Schloss, Waldgebiet, Halden

Sie haben sich qualifiziert durch einen erhaltenen historischen Grundriss, ein möglichst geschlossenes Erscheinungsbild, sorgfältigen Denkmalschutz und einen klugen Umgang mit modernen Erfordernissen.

In Westerholt können Sie auf engem Raum erfahren, wie all das eingehalten wird. Das Dorf steht noch heute so da, wie es sich als „Freiheit" des Schlosses entwickelt hat: Denkmal an Denkmal, recht verschachtelt, so dass schwierig zu zählen ist, wie viele Fachwerkbauten denn hier stehen. Beim Heimatverein von 1914, wo sie es wissen müssen, haben sie sich auf 64 festgelegt.

Westerholt auf einen Blick – unten die heutige Pfarrkirche, oben das Schloss

Exakte Zahlen zu erhalten, ist auch hinsichtlich der Geschichte Westerholts beschwerlich. Aus dem Jahr 1193 datiert die erste überlieferte Erwähnung der Herren von Westerholt. Das „Holz", also den Wald, „im Westen" von Recklinghausen gab es da schon ewig und eine Befestigungsanlage wahrscheinlich seit Jahrhunderten. Im Schutz der Burg entwickelte sich eine Freiheit, also eine Siedlung mit geringeren Rechten als eine Stadt. Spätestens seit 1310 gibt es einen Pfarrer und eine Burgkapelle. Außer Wassergräben ist aus der Entstehungszeit nichts mehr zu sehen.

Denn Zerstörungen durch Belagerungen und Brandschäden erforderten mehrfach den Wiederaufbau der Burg, die inzwischen zum Schloss verschönert worden war. Ihr heutiger Zustand stammt von 1833. Das Schloss erstreckt sich über drei von Wassergräben getrennte Inseln. Eine Insel ist unbebaut, hier lag der Nutzgarten. Auf der zweiten steht das schlichte „Vogelhaus", in dem die Westerholts ihre ornithologische Sammlung unterbrachten und später ihren Wohnsitz nahmen. Die klassizistischen eigentlichen Schlossgebäude stehen auf der dritten Insel. Beethoven gab der Tochter des Grafen Klavierunterricht. Heute dient der Komplex als Hotel, Restaurant und Golfclub.

Schloss Westerholt

Wie das Schloss ist auch die angrenzende Siedlung denkmalgeschützt. Dicht an dicht drängen sich die Fachwerkhäuser aus dem 17. Jahrhundert. Sonnenuhren, Kopfsteinpflaster und historische Laternen runden das stimmige Bild ab. Bewohnerinnen und Bewohner suchen sorgsam, das Idyll zu erhalten: Überall stellen sie Blumenkästen und -kübel auf, und stets sind irgendwo Zimmerleute oder Dachdecker dabei, die alte Pracht zu erneuern.

Abstecher

Halden und Kunstachse

Kaum vorstellbar, dass dies einmal eine flache Wald- und Sumpflandschaft war: Herten hat ein Gebirge zu bieten – ein menschengemachtes: Aushub der Bergwerke wurde zu Halden geschüttet, unter denen die mit den Namen Hoheward und Hoppenbruch zu den eindrucksvollsten gehören. Beide ermöglichen spektakuläre Ausblicke.

Ihr heutiger Eigentümer, der Regionalverband Ruhr, nennt Hoheward den „Giganten unter den Ruhrgebietshalden". Das „Himmelsobservatorium" auf dem Gipfelplateau erinnert an vorzeitliche Bauwerke zur Himmelsbeobachtung wie Stonehenge. Den Sternen nah, können Sie unter riesigen Stahlbögen mithilfe eingelassener Marken astronomische Ereignisse wie Sonnenaufgang und Mondwende anpeilen – wenn denn nach jahrelangen Sperrungen wegen Baumängeln das Observatorium wieder freigegeben wird. Der nahe gelegene Obelisk dient als Sonnenuhr.

Die Halde Hoppenbruch wurde aufgeforstet und mit Spazier- und Radwegen überzogen. Ein Windrad in luftiger Höhe versorgt 1.900 Haushalte mit Energie. Wenn Sie sich aufmachen zur nächsten Hertener Attraktion, dem Schlosspark, nehmen Sie doch die Kunstachse Burgenland. Fast linear führt dieser Kunstspaziergang zu den Schlossteichen: Entlang des Wegs legte der Land-Art-Künstler Nils-Udo begrünte Erdhügel an, die an Burgberge erinnern. Auf acht von ihnen stehen Zechen-Miniaturen aus Stahl.

Neun Meter hoher Obelisk als Sonnenuhr auf der Halde Hoheward

Abstecher

Schlosspark Herten

Herten bietet neben Schloss Westerholt einen weiteren befestigten Adelssitz: Schloss Herten wurde 1376 erstmals urkundlich erwähnt. Erhalten ist es im Zustand von 1702, als es nach einem Brand wieder aufgebaut wurde. Die Freiherren von Nesselrode bewohnten ein vierflügeliges Backstein-Schloss, Türme und ein Wassergraben hielten ungebetene Gäste ab.

Schlosshof und Kapelle sind zeitweilig zugänglich. Stets geöffnet hat der Schlosspark. In der grünen Oase am Rande der Innenstadt lassen sich bis heute Gestaltungsideen des Barock ablesen. Zwar sind die extrem pflegeaufwendigen Blumenrabatten verschwunden, doch blieben die geometrisch angelegten Alleen erhalten, viele Baum-Veteranen und einige Bauten auch: ein Tabakhäuschen, in dem Raucher seit 1795 ihrem Laster frönten, Reste eines Freilichttheaters und die Ruine einer Orangerie; darin konnten ab 1725 nicht winterharte Pflanzen überwintern und die High Society Feste feiern.

Nachdem die Nesselrodes ausgezogen waren, blieb der Park sich selbst überlassen. 1974 übernahm ihn der Landschaftsverband Westfalen-Lippe, machte ihn öffentlich zugänglich und pflegt ihn seit 2005 denkmalgerecht. Um den Wiederaufbau der zwischenzeitlich verwahrlosten und eingestürzten Orangerie bemüht sich ein Förderverein.

Von Schloss zu Schloss bringt Sie quer durch Herten die Buslinie 211.

Man fühlt sich wie in einer Filmkulisse. Kaum zu glauben, dass dieses friedliche Fleckchen Erde Kriege gesehen hat, Brandschatzung, Feuersbrünste, handfesten Zoff zwischen Burgherrn und Untertanen, Pest, Cholera und Pocken – und sogar einen Hexenprozess: Ein zurückgewiesener Verehrer beschuldigte die junge Witwe Anna

Spiekermann, ihn durch Zauberei seiner Manneskraft beraubt zu haben, wofür sie 1706 geköpft wurde.
„Hexenännekens“ und andere Lebensgeschichten finden Sie im Heimatkabinett dokumentiert. Dessen Sammlung wurde um 1900 angelegt und stetig erweitert. Der Heimatverein erinnert so an bürgerlichen und bäuerlichen Alltag in Westerholt.

Turmruine der alten Kapelle St. Martinus

Im Herzen des Dorfs liegt die Kapelle St. Martinus. Sehr malerisch wirkt die freistehende Turmruine. Das spätgotische Gotteshaus ist die Grablege der Westerholts und war Pfarrkirche, bis 1903 der große neoromanische Neubau diese Aufgabe übernahm.
Wenn Ihnen nach einem Spaziergang durch die engen Gassen nach Weite ist, gibt es mehrere Optionen. Im Westen blüht rund um ein Krieger-Ehrenmal eine artenreiche Wildwiese. Auf dem Platz an der heutigen Pfarrkirche sprudelt ein Brunnen. Und an Schloss und Golfplatz grenzt Richtung Buer das Waldgebiet Baut an. Bis 1988 war dies auch der Standort des „Löwenparks des Grafen Westerholt“, der Safari-Erlebnisse im Ruhrgebiet ermöglichte.

Blick auf die Pfarrkirche St. Martinus

Abstecher

Spargeldorf Scherlebeck

Im Hertener Stadtteil Scherlebeck gehen die Zechensiedlungen in das ländliche Erholungsgebiet Ried über. Zwischen Weiden, Feldern und Wäldchen haben sich Spargelbauern mit Gärtnern und Wirten zusammengetan und vermarkten den Ortsteil als Spargeldorf. Der Gemüse-Direktverkauf wird angekurbelt mit Erntedankfest, einer „Spargelkönigin" und dem von April bis Juni geöffneten Vestischen Spargelmuseum. www.spargeldorf-scherlebeck.de

Gastronomie:

Arkade Spezialitäten
Weine, Feinkost und Eis für daheim oder zum Verzehr vor Ort mit Blick auf St. Martinus. Eigene Rösterei.
https://arkade-spezialitaeten.de

Gasthof Altes Dorf
Junge Küche in altem Fachwerk. Drin viel helles Holz, Essen à la carte und günstige Überraschungsmenüs.
www.Altes-Dorf.de

Hotel Restaurant Alt Westerholt
Lauschiger Biergarten im Schatten einer alten Kastanie. Tipp für Wintertage: Kamin im Fachwerkbau von 1722.
www.restaurant-alt-westerholt.de

800 Jahre
Strukturwandel
Recklinghausen

Anders als die meisten Orte des Ruhrgebiets blickt Recklinghausen zurück auf Stadtrechte seit 1236, auf Bedeutung als Hanse- und später Kreisstadt. Repräsentative Gebäude belegen das bis heute. Nur in Moers und hier ist so viel vom historischen Kern einer Revier-Großstadt erhalten. In Recklinghausen wird er seit dem Niedergang des Bergbaus als „gute Stube des Ruhrgebiets" vermarktet. In diesem 600-Meter-Umkreis ist nicht alles schön, aber es gibt picobello restaurierte Denkmäler, Kultur, kleine Boutiquen und Cafés. Viele Gebäude haben eine bewegte Geschichte. Die Gassen folgen mittelalterlichen Verläufen. Orientierung bietet der folgende Rundgang. Durchqueren Sie gefahrlos die Krim, kombinieren Sie das mit einem Rom-Besuch, machen Sie Abstecher zu weiteren historischen Ortskernen!

Das Rathaus ist als Startpunkt eine gute Wahl: Der 1908 eingeweihte Neorenaissance-Prachtbau dokumentiert den Bürgerstolz der Hauptstadt des Vests und wirkt wie ein Fürstenschloss.

7

Anreise Pkw/Parkplatz: P9 Erlbruch und P15 Auf dem Graben liegen in Rathausnähe. Viele Fahrradstellplätze in Hauptbahnhof und Altstadt

Anreise mit ÖPNV: Hauptbahnhof und Busbahnhof liegen fünf Gehminuten nordöstlich der Altstadt.

Besonderheiten: Großstadt, repräsentative Verwaltungsbauten, Stadtbefestigung, Dorfkerne

„Bürger tragen ihre Stadt" vor dem prächtigen Rathaus

Rundherum sind Details zu entdecken wie das Stadtwappen, die Eulenfigur, das Jugendstil-Portal zum Ratskeller und die drei mythischen Figuren Hermann, Widukind und Karl der Große.

Den Erlbruchpark an der Südseite des Rathauses heben wir uns für eine Rast am Ende des Rundgangs auf. Den Rathausvorplatz wertet eine kleine Wasserfläche auf mit der Skulptur „Bürger tragen ihre Stadt". Sie verkörpert den Gemeinsinn der Bürgerschaft. Drei Figuren tragen gemeinsam symbolträchtige Bauwerke

der Stadt: die Propsteikirche, einen Förderturm und das Rathaus. Der Bildhauer Heinrich Brockmeier hat sein Atelier in Recklinghausen, von ihm stammen mehr als zwei Dutzend Werke im öffentlichen Raum des Ruhrgebiets.
Wenn Sie die Straße Königswall überqueren, stehen Sie vor dem frisch restaurierten Still-Gebäude. Es wurde vom selben Architekten wie das Rathaus 1907 als Bankgebäude errichtet. Der Handelsgott Hermes und der Imker als Sinnbild des Fleißes zieren das Portal. Hier hatte ab 1928 die Firma Still ihren Unternehmenssitz, die mit Kokerei-Bauten Geld verdiente.
Hinter dem Still-Gebäude macht sich das 2014 eröffnete Einkaufszentrum „Palais Vest“ breit. Die mit Naturstein verkleidete Architektur könnte schlimmer sein. War sie auch: Der Vorgängerbau „Löhrhof-Center“, dessen 14-geschossiges Hochhaus die Silhouette der Stadt verschandelte, wurde 2012 gesprengt.
Historischer geht es zu, wenn Sie sich vom Still-Haus nach Westen wenden. An der Stelle des Viehtors ist zwar nur eine Plakette zu sehen, die an die Hansezeit erinnert. Doch beginnt hier die Breite Straße. Die Einkaufsmeile führt direkt zum Markt, aber wir halten an der Alten Apotheke. Das spätbarocke Gebäude mit der herrlichen Eingangstür ist ein verputzter Fachwerkbau. 300 Jahre Apothekenbetrieb endeten 2022, ins Haus zog eine Pflegeberatung ein.
Wenn Sie links abbiegen, gelangen Sie in die Kellerstraße mit dem Baumstammbrunnen. Hier befand sich jahrhundertelang ein Nachbarschaftsbrunnen in einem hohlen Eichenstamm. Ein Abguss ersetzt ihn, das Original steht im Institut für Stadtgeschichte.
Durch das Handwerkerviertel mit dem Kulturzentrum Altstadtschmiede erreichen Sie Richtung Nordwesten an der Heilige-Geist-Straße zwei Gotteshäuser. Die kleine spätgotische Gastkirche ging aus einem Spital hervor. In ihrem „Gasthaus“ arbeiten Ehrenamtliche und Ordensleute noch heute für Alte, Arme und Obdachlose. Die Gymnasialkirche des Gymnasiums Petrinum war ursprünglich Ordenskirche. Das bronzene Blindentastmodell veranschaulicht die Entwicklung von Schule und Stadt. Daneben steht die historische Feuerwache.

Turm und Stadtmauer an der Engelsburg

Biegen Sie links in die Augustinessenstraße ein. Dort erwartet Sie die Engelsburg: Der dreiflügelige Barockbau wurde 1701 für einen kurkölnischen Richter erbaut und beherbergt nun ein Hotel. Am Ende der Straße treffen Sie auf die Stadtmauer. Recklinghausen war von Mauer, Wall, Graben und 17 Wehrtürmen gesichert. Die Wallstraßen traten an ihre Stelle. Erhalten ist ein 200 Meter langes Mauerstück mit zwei Türmen parallel zum Herzogswall. Auf der anderen Straßenseite liegen schmucke Villen.

Folgen Sie dem Herzogswall bis zur Straße An der Engelsburg. Am Willy-Brandt-Haus tauchen Sie wieder in die Altstadt ein: Wurde im Rathaus die Stadt regiert, so arbeitete hier die Kreisverwaltung. Architektonisch gibt es viele Parallelen. Seit 1980 ist das Willy-Brandt-Haus Sitz der Volkshoch-

Kutscherhaus und Landrats-Dienstvilla

schule. Musikschule und Kunstverein residieren im angrenzenden Park in zwei schönen Backsteingebäuden mit Jugendstil-Elementen: in der Dienstvilla des Landrats und im Kutscherhaus.

Biegen Sie nun in die Gasse Im Rom ein, das war ursprünglich der Name der Brache „Im Raum". Sie gelangen in das Quartier Krim. So benannt wohl wegen der vielen einst hier ansässigen Einwanderer aus Osteuropa, entging das ehemalige Armenviertel dem Abriss und ist auf dem besten Weg, hip zu werden. Shoppen in den Läden von Schmuck bis Mode? Einkehren in eines der vielen Lokale? Kultur in einer der Galerien oder im bedeutendsten Ikonenmuseum Westeuropas? Alles hier möglich. Schockierend wirkt der Baukörper des Museums Jerke für polnische Kunst der Moderne, ein fast schwarzer Neubau, dessen reduzierte Formen aber die Altstadt-Architektur zitieren.

All das gruppiert sich um die romanisch-gotische Propsteikirche St. Peter. Die älteste Kirche der Stadt entstand vermutlich an der Stelle einer karolingischen Hofanlage, ihr Turm überragt die Altstadt. Davor steht ein weiteres Stadtmodell.

Südlich der Kirche befindet sich der langgezogene Altstadtmarkt.

Einst Schule, jetzt Ikonenmuseum

Harter Kontrast: Museum Jerke

St. Peter, die älteste Kirche der Stadt

Der lebhafte Altstadtmarkt mit dem Turm von St. Peter

Er ist Schauplatz von Festen und Märkten, immer ist Betrieb in der Gastronomie. Das Haus Albers mit dem Stufengiebel, heute ein Restaurant, markiert das ursprüngliche Ende des Marktes. Anfang des 20. Jahrhunderts wurde er durch den Bau zweier großer Warenhäuser erweitert. Der elegante Karstadt-Kaufpalast wurde vorbildlich zum kleinteilig genutzten „Markt-Quartier“ umgebaut.
Über die Kunibertistraße erreichen Sie weitere Denkmäler von Handel und Wandel: An der Ecke Rochusstraße schwelgt ein Geschäftshaus im Jugendstil. Das Kaufmannshaus Verstegge aus dem Jahr 1558 zeugt vom Wohlstand der Ackerbürger. Der schmucke Gravemanns Hof ist das älteste Fachwerkhaus der Stadt.
Auf dem Rückweg zum Rathaus lohnt sich ein Blick auf die Alte Vikarie in der Herrenstraße. Das Häuschen war in der Barockzeit eine kirchliche Dienstwohnung und ist schön verschiefert, aber renovierungsbedürftig.
Das gilt für etliche Stellen dieser Altstadt. Es gibt Leerstand und viele Handelsketten. Doch was heute Strukturwandel heißt, gab es schon immer: Eine Stadt ist niemals fertig. Lassen Sie etwas Geld im Ort, damit es in Recklinghausen in die richtige Richtung geht.

Abstecher

Suderwich

Im Ortsteil Suderwich können Sie den Übergang vom Dorf zur Stadt ablesen. Ab 1900 war Suderwich Bergbau-Standort. Hier tauschten Hamburger Schauspieler 1947 „Kunst gegen Kohle" und begründeten die berühmten Ruhrfestspiele. Neben Zechensiedlungen blieb Suderwichs Dorfkern rund um den Kirchplatz erhalten. Von der Kirche finden Sie dort nur im Boden markierte Umrisse. Die heutige, 1904 geweihte Kirche St. Johannes steht am Rande des Dorfkerns.

Am Kirchplatz liegen Lokale und eine Kornbrennerei. Ein metallener Gartenzaun besteht aus einem Lageplan des Dorfkerns und einer Dorfchronik in Textform. An die Zeit, als Suderwich Heimat von 30 Schweinehändlern war, erinnert ein als Scherenschnitt gestalteter Straßenbogen. Zum Martinstag beleben Laternen und 60 Marktstände den Platz.

Zwischen St. Johannes und den Feldern können Sie weitere historische Gebäude entdecken. Dazu gehört der ehemalige Bauernhof Rombecksches Haus, ein mächtiger Fachwerkbau von 1741. Davor liegt der Tigsteen, ein Stein, an dem bis 1846 Gemeindeberatungen stattfanden.

Der Gräftenhof Ehling stammt aus dem 13. Jahrhundert. Zum Schutz vor Plünderungen wurde rund um diese Hofanlage eine Gräfte gezogen, also ein Wassergraben. In dem schön restaurierten Komplex sind heute Seniorenwohnungen untergebracht.

Die Alte Wassermühle mahlte bis 1959 Korn. Seither sorgt zwischen Mühlrad und Stauteichen ein Biergarten für Erfrischung. Apropos Erfrischung: Der Suderwicher Badeteich kommt als eines der wenigen Naturfreibäder Deutschlands ohne Chlor aus.

Fachwerkhäuser am Kirchplatz

Abstecher

Hochlar

Noch weiter zurück in Zeit und Stadtentwicklung bewegen Sie sich in Hochlar. An der Grenze zu Herten hat sich diese pittoreske kleine Bauernschaft erhalten. Der Hof Herms ist seit mehr als 400 Jahren in Familienbesitz. Für Fans von Architektur und Zahlenmagie: Das Hauptgebäude von 1801 ist ein zweigeschossiges, dreischiffiges Vierständerhaus. Der ähnlich alte Brüggemannshof beherbergt ein Café-Restaurant mit Biergarten.

Voll wird es im Dorf zu Erntedank: Beim Bauernmarkt bieten mehr als 100 Aussteller Leckereien und Kunsthandwerk an und die Treckerfreunde zeigen ihre Oldtimer.

Gastronomie:

ECKST1 Wirtshaus
Schönes Café-Restaurant mit Bar, Plätze auch draußen auf der Münsterstraße, freundlicher Service.

Drübbelken
Schankwirtschaft seit 1906, uriger Szenetreff für und seit Generationen, häufig Ausstellungen.
https://drueb.de

Subergs bei Boente
Hausbrauerei in der Augustinessenstraße: deftige Speisen und günstiger Mittagstisch, rustikales Ambiente, großer Biergarten.
www.bei-boente.de

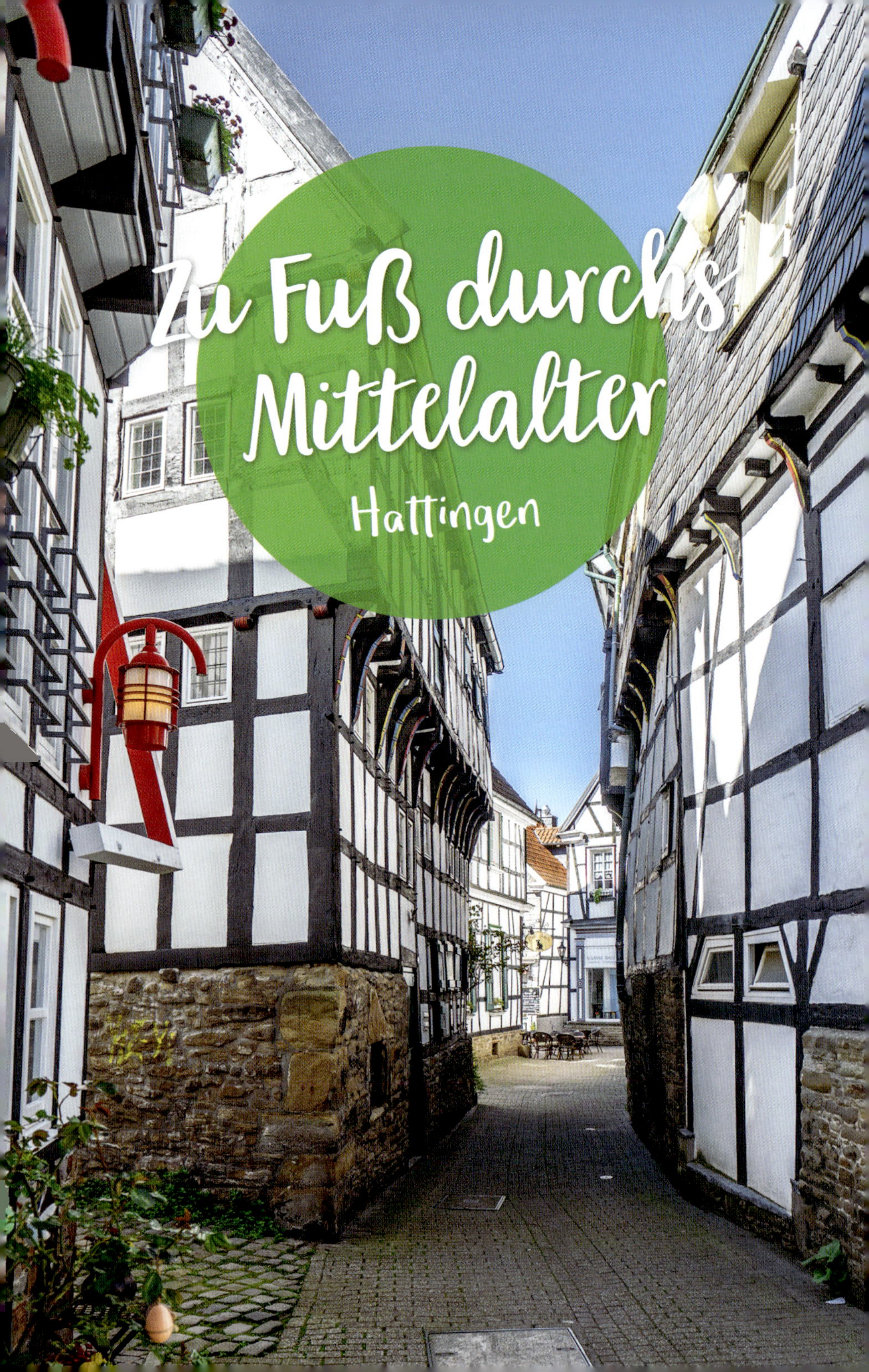
Zu Fuß durchs Mittelalter
Hattingen

Hattingen ist nicht die älteste Stadt, aber d i e Altstadt des Ruhrgebiets. Der autofreie Ortskern ist samt seiner chaotisch wirkenden historischen Wegeführung so gut erhalten, eng und zugleich ausgedehnt, dass Sie sich hier wie in einem orientalischen Souk verlieren und treiben lassen können. Oder Sie folgen der Ausschilderung der Stadtverwaltung. Die hat den Wirtschaftsfaktor Tourismus beizeiten erkannt und eine Infrastruktur gefördert mit zwei Kilometern ausgeschildertem Rundweg, öffentlichen Toiletten, Gastronomie und Hotellerie. Bummeln Sie zwischen 143 restaurierten Fachwerkhäusern und Baudenkmälern. Begutachten Sie die Nackedeis an der Stadtmauer. Machen Sie Abstecher zu den drei Burgen Hattingens – oder in seine jüngere Vergangenheit, dokumentiert und erfahrbar im Museum Henrichshütte.

Zu den lästigsten Bekanntschaften gehören die mit festen Ansichten, aber wenig Ahnung – zum Beispiel vom Ruhrgebiet. Sparen Sie sich Erklärungen, schicken Sie sie nach Hattingen: zuerst ins erwartungsgemäß rostige Stahlwerk, dann zu den Burgen über dem idyllischen Ruhrtal (ist das grün hier!) und schließlich in die Altstadt. Wenn Sie Glück haben, finden sie nie mehr heraus.

8

Anreise Pkw/Parkplatz: Rund um die Altstadt sind mehr als 1200 Stellplätze ausgeschildert.

Anreise mit ÖPNV: Vom S-Bahnhof Hattingen Mitte sind es nur 100 Meter durch ein Einkaufszentrum bis in die verkehrsberuhigte Altstadt.

Besonderheiten: Geschlossener Ortskern, Stadtbefestigung, Burgen, Industriekultur

Oder sie verlieben sich in die pittoreske Perle im Ruhrtal. Das kann auch Ihnen leicht passieren.

Starten Sie Ihren Rundgang am besten an der St.-Georgs-Kirche mit ihrem schiefem Turm: Der überragt die Altstadt, ist also leicht zu finden.

Der Vorgängerbau gilt als Keimzelle der Stadt. Der heutige ist eine gotische Hallenkirche. Der Spitzhelm des Kirchturms neigt sich stark nach Südwesten. Er wurde gegen die Hauptwindrichtung gebaut, so würde er im Falle eines Falles nicht auf das Kirchenschiff stürzen, sondern auf die leichter ersetzbaren Bürgerhäuser.

Der schiefe Turm von St. Georg

St. Georg bleibt nicht wegen der spärlichen Innenausstattung in Erinnerung, sondern als Zentrum der vollständig erhaltenen Kirchplatzbebauung. Die Bewohner der kleinen Fachwerkhäuser nebendran mussten der Kirchengemeinde Abgaben in Form von Kerzenwachs zahlen. Heute scheint man sich in den „Wachszinshäusern“ gut abzustimmen, fast durchgehend ist die Gasse mit Topfpflanzen dekoriert. Früher sperrten Eisenroste die Zugänge zum Kirchplatz, um frei laufenden Schweinen den Zutritt zu verwehren.

Am Kirchplatz stehen auch verschieferte Bauten mit grünen Fensterläden, so das „Haus der Kirche“ Nr. 19, eine ehemalige Schule. Die Statue auf dem Kriegerdenkmal ist nicht Borussia, sondern Hattingia. Ihre Krone bilden die fünf Stadttore Hattingens.

Blumen vor den Wachszinshäusern, Grabsteine vor St. Georg

Südlich des Kirchplatzes ist die Kirchstraße scheinbar komplett mittelalterlich. Nr. 4 ist aber tatsächlich ein Neubau von 1987, dessen Fachwerkfassade der Architekt geschickt zwischen die historischen Nachbarbauten einfügte.

Von der Kirchstraße biegen Sie nach links in den Steinhagen. Nr. 6–8 ist das letzte Ackerbürgerhaus der Stadt: Hier wohnten Bauern, die ihre Felder vor der Stadt hatten.

Im Bereich Steinhagen, Flachsmarkt und St.-Georg-Straße finden sich etliche Fachgeschäfte hinter schön restaurierten Gründerzeitfassaden. Doch ersetzte die Stadtsanierung ab Ende der 1960er Jahre hier viel marode Bausubstanz durch Neubauten. Zwischenzeitlich war fast die gesamte Altstadt zum Abriss vorgesehen.

Das Hattingia-Denkmal am Kirchplatz

Abstecher

Industriemuseum Henrichshütte

Die Kohleförderung florierte, der Transportweg Ruhr lag vor der Tür, als man 1848 in Hattingen auf Eisenerzvorkommen stieß. Naheliegenderweise wurde das Städtchen zum Standort eines Hüttenwerks. 150 Jahre lang produzierten, schmiedeten, gossen und walzten Arbeiter Stahl. Daraus entstanden Eisenbahnen, Schiffsschrauben, Anker, Panzerplatten und Kanonenrohre. Bis zu 10.000 Menschen arbeiteten hier. Um Platz für das Werk zu schaffen, wurde 1959 sogar die Ruhr verlegt. Die Krise der Schwerindustrie bewog Thyssen dazu, ab 1987 das Werk aufzugeben. 3.000 Arbeitsplätze fielen weg. Teile der Anlagen wurden abgerissen, verschrottet, gesprengt, ein Hochofen nach China verkauft.

Ein weiterer blieb an Ort und Stelle. Er stammt von 1940 und ist der älteste im Revier. Mit 55 Metern Höhe überragt der rostige Riese die Anlage. Sie ist heute einer von acht Standorten des Westfälischen Landesmuseums für Industriekultur / LWL-Industriemuseums. Für Fans von

Industriekultur ist es ein Dorado mit Gebläsehalle, Bessemer-Stahlwerk, Schaugießerei, Erzbrücke, Möllerung und Gießhalle. Auf dem „Weg des Eisens" folgen Sie dem Materialfluss von Erz, Koks und Kalk und erfahren viel über die Menschen, die hier arbeiteten und um ihre Jobs kämpften. Der beste Überblick bietet sich vom Hochofen – außer Treppen führt ein Aufzug hinauf. Der „Grüne Weg" zeigt, wie die Natur Teile der Industriebrache zurückerobert. Für Kinder gibt es einen unterhaltsam-lehrreichen „Weg der Ratte" und einen Spielplatz.
Vom Werksgelände führt ein zwei Kilometer langer Fußweg zum Nordende der Altstadt. Anders als in der Altstadt finden Sie an der Henrichshütte außer an besonders besucherstarken Tagen meist einen freien kostenlosen Parkplatz.
https://henrichshuette.lwl.org

Rechtzeitig hatten die Stadtoberen ein Einsehen. Heute gilt Hattingen als Paradebeispiel gelungener Altstadt-Erhaltung. Auch das Bügeleisenhaus konnte nur knapp gerettet werden. Inzwischen ist dieses nach seiner eigenwilligen Bauform benannte dreigeschossige Fachwerkhaus ein Wahrzeichen der Stadt. Liebevoll wurde die Fassade restauriert mit ihren geschnitzten Sonnenrädern und farbenfrohen Neidmasken.
Vorbei an der Tourist-Information am schmalen Haldenplatz geht es zum Alten Rathaus. Es wurde 1576 auf die vorhandene Fleischhalle aufgesetzt. Wenn Sie seine Passage durchqueren, sehen Sie ehemalige Gefängniszellen. Im Advent verwandeln sich die Rathausfenster in die Türen eines Kalenders, aus denen Frau Holle Süßigkeiten auf den Weihnachtsmarkt schüttelt.

Durch enge Gassen zum Alten Rathaus

Farbige Schnitzereien zieren Balken und Knaggen des Bügeleisenhauses.

Über den Untermarkt mit dem 2021 gestifteten bronzenen Stadtmodell gelangen Sie zu einem Kirchturm ohne Kirche: Ihn allein ließ ein Luftangriff 1945 von der Johanniskirche übrig. Obermarkt und Krämersdorf führen zum Zollhaus, Hattingens kleinstem Fachwerkhaus. Es steht auf den Resten eines Wehrturms und diente als Schmiedewerkstatt, aber nie als Zollhaus.

Am Weg

Spielplätze

In der engen Altstadt ist wenig Platz zum Toben. Ein Spielplatz findet sich am Alten Zollhaus. Am Obermarkt erfrischt der Treidelbrunnen. Jenseits des Steinhagentors liegt der Hillsche Garten, ein kleiner Park mit Bewegungsparcours und Boulebahn. Er wurde auf dem Grundstück einer abgerissenen Fabrikantenvilla errichtet und vor wenigen Jahren erneuert.

Nur ein Rest der Stadtbefestigung ist in diesem Bereich erhalten. Vom hier gelegenen Weiltor ist nichts mehr zu sehen, eine moderne Skulptur steht an seiner Stelle, bestehend aus Stahlelementen, die an ein Tor erinnern. Die Stadt ließ ihre fünf Tore um 1820 abbrechen, setzte ihnen aber anlässlich der 600-Jahr-Feier der Stadt ab 1996 Denkmäler. Die Stelle des Heggertors im Norden hütet die Sandsteinskulptur „Wächter". Am ehemaligen Holschentor im Westen stehen Stahlsilhouetten als „Engel ante Portas". Fast wie ein historisches Stadtportal wirkt das Steinhagentor im Südwesten, bestehend aus Sandstein, Stahlträgern und Fallgitter. Streng geometrisch ist die schwarz-weiß verkleidete Skulptur am Bruchtor im Südosten.

Von den sieben Stadttürmen steht nur noch der Bruchtorturm. Auch die Stadtmauer ist hier, am Südrand der Altstadt, am besten erhalten. Stadtauswärts der Mauer blüht ein Grünstreifen. Darauf stehen drei überlebensgroße nackte „Menschen aus Eisen" von Zbigniew Frączkiewicz und erinnern an Hattingens Industrie-

„Menschen aus Eisen“ am Bruchtorturm

vergangenheit; eine Miniatur davon konnten Sie vor dem Alten Rathaus sehen. Der polnische Bildhauer scheint ein Faible für die männliche Anatomie zu haben, wie Sie im Kapitel über Blankenstein feststellen.

Die Hattuarier wichen den Sachsen, denen folgten die Franken, Hattingen wurde Hansestadt, sah das Tuchmachergewerbe prosperieren und eingehen wie später die Schwerindustrie. Heute bringen Gäste durch jährlich 200.000 Übernachtungen Geld in die Stadt. Wandel war hier also immer, auch wenn die Kulisse über die Jahrhunderte gerettet wurde. Einem Altstadtbewohner war das offenbar zu viel der Dynamik. Er schraubte an seine Sandsteinmauer ein Schild mit der Inschrift: „Genau an dieser Stelle ereignete sich am 15. Mai des Jahres 1785 überhaupt gar nichts.“

Abstecher

Ruine Isenburg

Wenige Städte nur können sich wie Hattingen dreier Burgen rühmen. Burg Blankenstein und Haus Kemnade lernen Sie im Kapitel über Hattingen-Blankenstein kennen. Die Burg auf dem Isenberg liegt näher an der Altstadt. Arnold von Altena ließ sie ab 1193 erbauen. Von hier konnte man eine Furt durch die Ruhr überwachen. Arnolds Sohn Friedrich legte sich mit seinem machtbewussten Onkel Engelbert an, dem Kölner Erzbischof. 1225 starb Engelbert in einem Hinterhalt des Neffen. Zur Strafe wurde Friedrich gerädert, seine Burgen zerstört – darunter

auch die Isenburg, nur ein Vierteljahrhundert nach ihrer Fertigstellung. Die Isenburg muss ein Vermögen gekostet haben. Sie war zumindest teilweise hell verputzt und außergewöhnlich groß. Heute ist sie eine der weitläufigsten Burgruinen Deutschlands.
Erkennbar sind noch die Oberburg mit Resten des Wohnbereichs und des Bergfrieds, daneben die Unterburg mit den Überbleibseln der Schmiede, Ställe und anderer Wirtschaftsgebäude. Hier wurde im Mittelalter in Rennöfen Erz vom „Eisenberg" geschmolzen. Ein Steinbruch sorgte im 20. Jahrhundert dafür, dass Teile dieses Bereichs bergab stürzten.
Mitten in die Ruine ließ 1858 der Architekt Max Joseph Custodis einen romantisierenden Neubau setzen. Das weithin sichtbare „Haus Custodis" dient heute als Museum.
Vom Wanderparkplatz an der Isenbergstraße führen gut ausgebaute Wege Sie binnen 25 Minuten bergauf. Rings um die Burg verlaufen attraktive Wanderstrecken, auch ist der Ruhrtal-Radweg nah. Die Ruhrschleife zu Füßen der Burg ist beliebt bei Freizeit-Kanuten.
www.burg-isenberg.de

Haus Custodis inmitten der Ruine

Gastronomie:

Café Adele
Gemütliches Altstadtcafé mit hausgemachtem Strudel, Profi-Service und der richtigen Dosis Trödel. Tipp: Kartoffelwaffeln!
www.cafe-adele.de

Confiserie Harmonie
Ein junges Team kreiert meisterliche Törtchen, Pralinen, Konfekt – Konditorei der Spitzenklasse.
www.confiserie-harmonie.de

Fachwerk
Der Name ist Programm, was die Einrichtung angeht. Auf dem Teller: Westfalens Klassiker mit internationalem Twist.
https://fachwerk-hattingen.de

Der freundliche Flecken

Hattingen-Blankenstein

Die Fachwerkbauten Blankensteins kleben rund um die Burgruine malerisch auf einer Klippe hoch über der Ruhr. Schon der Romantiker Ferdinand Freiligrath bewertete 1840 den „freundlichen Flecken Blankenstein" als „der Ruhrufer schönsten Punkt". Kein Wunder, dass Ausflügler einschwärmten, kaum dass 1865 eine befestigte Chaussee das Örtchen an die Welt angeschlossen hatte. Später fuhren an manchen Tagen 50 Reisebusse vor. Bis heute geht es hier bei schönem Wetter lebhaft zu, parken sollten Sie außerhalb. Dieses Kapitel führt aber auch zu ruhigen Ecken, einem begehbaren Geschichtsbuch, einer Burg vom anderen Ufer und in eine historische Gartenanlage inklusive Penis-Besichtigung. Dabei ist alles jugendfrei und bestens geeignet für einen Familienausflug, der sich zur Tagestour ausbauen lässt.

Jahrzehntealt ist der Aufkleber im Sträßchen Am Seilwerk, verblichen sein Text. Nicht verblasst aber ist die Erinnerung an das, was er zum Thema hat: „Hattingen muss leben – verteidigt die Arbeitsplätze auf der Hütte", fordert da die IG Metall. Thyssens Beschluss von 1987, die Henrichshütte stillzulegen, entzog Hattingen

9

Anreise Pkw/Parkplatz: In fußläufiger Nähe liegen die Parkplätze „Historischer Ortskern" (Navi: Im Vogelsang) und „Historischer Ortskern Stadtmuseum" (Navi: Im Tünken).

Anreise mit ÖPNV: Ab Hattingen Mitte oder Bochum Hauptbahnhof Bus 350 bis Burg Blankenstein. Dieser Bus hält auch an der Henrichshütte.

Besonderheiten: Burgruine, Stadtpark, Höhenlage, Fernsicht, Museum

die wirtschaftliche Grundlage. Ein langer, von der gesamten Bevölkerung getragener Protest war letztlich vergebens. Doch mit Geld von Land, Bund und der Europäischen Gemeinschaft schaffte Hattingen den Strukturwandel hin zum Gewerbe- und Tourismusstandort.
Nicht zum ersten Mal musste das beschauliche Blankenstein den Niedergang seiner Haupterwerbsquelle verkraften. Die Burg, um die sich die Siedlung „Freyheit Blankenstein" überhaupt erst entwickelt hatte, verfiel. Auch damals folgte dem Abschwung ein Aufschwung: Burg Blankenstein ist seit anderthalb Jahrhunderten Ziel von Ausflüglern, die Geld in den Ort bringen.
Errichten ließ die Festung auf „blankem steyn" mit strategischer Fernsicht Graf Adolf von der Mark. Ab 1226 wurde die Anlage immer weiter ausgebaut, dann führte modernere Militärtechnik zum Niedergang der Burgen. 1662 genehmigte der „Große Kurfürst" Friedrich Wilhelm den Abriss. Rund 200 Jahre lang diente die Ruine als Steinbruch. Erst im Zuge der Ritterromantik des 19. Jahrhunderts wurde die Burg als Ausflugsziel stückweise wieder aufgebaut.

Als wäre die Zeit stehengeblieben: Burg Blankenstein

Abstecher

Haus Kemnade

Von den Aussichtspunkten in Blankenstein können Sie im Osten das Dach der Wasserburg Kemnade sehen. Die halbe Stunde Fußweg dorthin lohnt sich: Wo sonst findet man eine Burg, die auf dem Nordufer der Ruhr erbaut wurde, jetzt aber auf deren Südufer steht? Ein Hochwasser bewirkte die Ruhrverlegung 1486. Von Burg Blankensteins Turm können Sie den jetzigen und den früheren Ruhrverlauf gut nachvollziehen.

Wie lange Haus Kemnade schon steht, geriet in Vergessenheit. Sicher ist, dass es mehrfach modernisiert wurde, auch unter Verwendung von Steinen der Burgruine Blankenstein. Heute können Sie eine Wasserburg im Stil von Renaissance und Barock sehen mit gotischer Kapelle, Wassergraben, Brücke, Türmen und Schießscharten. Die farbigen Fensterläden setzen einen reizvollen Kontrast zum Ruhrsandstein und den dunkel gedeckten Dächern.

Innen beeindrucken kunstvoll gestaltete Kamine und Holzdecken. Die Räumlichkeiten beherbergen Musikinstrumenten- und Spardosen-Sammlungen. Seit 1959 gibt es ein Restaurant, heute unterteilt in Terrasse, Gewölbe, Kamin- und Turmzimmer. Hier trifft sich auch der „Stammtisch für Jäger, Fischer und andere Lügner". Ganz in der Nähe liegen ein Bauernhaus- und ein Bienen-Museum.

Es hätte übrigens alles ganz anders kommen können: 1998 verhinderten Bürgerproteste den Verkauf der Burg. Sie wäre sonst Unternehmenszentrale einer Wurstfabrik geworden.

Der älteste erhaltene Bauteil überragt nach wie vor den ganzen Ort: Der viereckige Torturm ist 26 Meter hoch. Seine meterdicken Mauern stammen im unteren Bereich aus der Entstehungszeit der Burg. Eine Treppe führt zum in neun Meter Höhe gelegenen Eingang, dann geht es im Inneren aufwärts. Nach 156 Treppenstufen können Sie sich einen Überblick verschaffen:
Richtung Norden fällt der Blick auf Bochum-Stiepel. Im Osten quert die Kemnader Ruhrbrücke den Fluss. Ihnen zu Füßen liegen die Überreste der Burg. Aus dem Mittelalter sind Teile der Ringmauer und der Brunnen erhalten. Die meisten oberirdischen Teile wurden in späterer Zeit auf mittelalterlichen Fundamenten errichtet. Dennoch hat die Anlage noch immer oder wieder die Anmutung einer mittelalterlichen Ritterburg. Das macht sie zu einer beliebten Location für Fotoshootings und Feste.

Tipp

Wandgemälde und Comics

Zeitgeschichte im Großformat ist an der Blankensteiner Straße zu besichtigen: Ein Wandgemälde zeigt den damaligen Kanzler Helmut Kohl 1991 im Handgemenge mit Demonstranten. Die Szene nach dem Eierwurf von Halle prangt gegenüber dem Supermarkt, dessen Bruchsteinwand das einzige Überbleibsel der Seilwerke Puth ist; sie hat keinen Bezug zu Blankenstein. Dagegen spielt das Örtchen häufig eine Rolle im Werk des dort geborenen Comiczeichners Jamiri. www.jamiri.de

Von der Burg kommend überqueren Sie den Burggraben über eine Steinbrücke. Dort sehen Sie die Fachwerkbauten im Schutz der Burg. Dies ist die „Freiheit“ – eine Siedlung mit etwas weniger Rechten als eine Stadt. Die evangelische Kirche von 1767 geht auf eine Burgkapelle zurück.
Über die Burgstraße erreichen Sie die katholische Kirche. Sie steht an der Stelle des früheren Rathauses. Später wurde Blankenstein – von

1966 bis 1969 eigenständige Stadt – aus Amtshäusern am Marktplatz verwaltet. Der liegt gleich westlich der Kirche. Seit 2001 hat er seine jetzige Gestalt. Das große Haus Nr. 4 ist die ehemalige Post, jetzt Volkshochschule. Die Amtshäuser beherbergen heute das Hattinger Stadtmuseum.

Am Weg

Stadtmuseum Hattingen

In den alten Amtshäusern am Marktplatz ist das moderne Stadtmuseum untergebracht. Es wurde als begehbares Geschichtsbuch gestaltet: Viele der Schautafeln können Sie umblättern. Ortsspezifisch sind die historischen Hattinger Vereinsfahnen und die Fachwerkbalken. Alltags-, Kultur- und Wirtschaftsgeschichte Hattingens wird hier erlebbar, vieles davon kindgerecht – Anfassen erlaubt!
www.stadtmuseum.hattingen.de

Die Edelstahlstele „M 53“ vor dem Museum

Für den kleinen Platz sind zwei massive Kunstwerke möglicherweise eines zu viel, aber entscheiden Sie selbst: Da erweist die sechs Meter hohe Stele „M 53“ von Bernhard Matthes der Stahl-Vergangenheit eine Referenz, der Kontrast zur Umgebung könnte kaum größer sein. Wenige Meter weiter türmte Egon Stratmann „Blanken Stein" auf. Bei schönem Wetter hat dieses autofreie Dreieck den Charme einer italienischen Piazza.

Ein ausgeschilderter Rundweg führt Sie zu weiteren sehenswerten Bauten entlang von Hauptstraße, Am Seilwerk und Vidumstraße. Dazu gehören an der Hauptstraße zwei verschieferte Wohnhäuser im klassizistischen Stil. Die wohlhabende Familie Gethmann ließ sie 1821 errichten. Hier war auch der Zugang zu dem ausgedehnten Gethmannschen Garten, dessen Besuch sich nach so viel Stein und Fachwerk empfiehlt.

Am Weg

Gethmannscher Garten

Ein unscheinbarer Weg führt links vom Stadtmuseum zu einem der Highlights von Blankenstein: dem historischen Gethmannschen Garten. Für diesen Spaziergang sollten Sie sich unbedingt ein Stündchen Zeit nehmen.

Ab 1808 ließ der Blankensteiner Tuchhändler, Reeder und Bergwerksbesitzer Carl Friedrich Gethmann eine der ersten öffentlich zugänglich Gartenanlagen des heutigen Ruhrgebiets anlegen. Der Mode der Zeit entsprechend wurde sie als englischer Landschaftsgarten gestaltet: Vorbei war die Zeit geometrischer Anlagen des Barock, nun war Naturnähe angesagt.

Am Eingang blickt Sie etwas griesgrämig der vermutlich größte Penis des Ruhrgebiets an. Er wurde von dem polnischen Bildhauer Zbigniew Frączkiewicz aus Granit gehauen. Spätestens jetzt haben Sie Gesprächsstoff für Ihren weiteren Weg (mehr Genitalien aus Frączkiewicz' Œuvre begegnen Ihnen im Kapitel über die Hattinger Altstadt).

Es geht den kleinen „Friedrichsberg" hoch, wo Sie seit deren Renovierung wieder über spiralförmige Wege und eine Sandsteinbrücke spazieren können. Eine historische Obstbaum-Allee führt nach Westen. Die Stadt ließ in Vorbereitung der Internationalen Gartenausstellung 2027 neue Bäume pflanzen. Die nächste Anhöhe heißt Wilhelms- oder Abendhügel. Von zwei Sitzbänken haben Sie einen schönen Ausblick. Alleenartige Wege führen an einem Friedhof vorbei zum Belvedere. Diese kreisförmige Aussicht-

kanzel wird von Einheimischen „Hippentempel“ genannt und bietet einen Blick übers Land, der dem von der Burgruine nicht nachsteht.
Gethmann ließ in seinem Park eine Eremitage (Einsiedelei) und steinerne Tische anlegen, auch eine kleine Grotte wurde in die romantische Gestaltung einbezogen. Reste dieser Elemente passieren Sie auf Ihrem Rückweg vom Belvedere Richtung Ausgang. In dessen Nähe liegt ein moderner Spielplatz, wo sich austoben darf, wer bis jetzt brav gewesen ist.

Beste Aussichten haben Sie vom Belvedere.

Gastronomie:

Burg Blankenstein
Spezialitäten des Hauses sind Spareribs und Burger vom Grill. Rittermahl auf Vorbestellung.
https://burgblankenstein.de

Comedor Restaurante y Tapas
Spanisches Lokal mit wöchentlich wechselnder Karte, einen Steinwurf von der Burg gelegen.
www.comed-or-hattingen.de

Eiscafé Filippin
Auf dem Marktplatz lassen sich Generationen die aktuellen Eissorten schmecken.
www.instagram.com/eiscafe_filippin

Fließende Grenze zum Münsterland

Haltern am See

Ist das jetzt noch Ruhrgebiet – oder schon Münsterland? Ein weiter Himmel wölbt sich über niedrig gebauten Behausungen, rings um den Ort erstrecken sich Wälder, Seen und Felder mit Hofläden. Haltern liegt am Rand des Reviers, der Bergbau spielte eine geringe Rolle im Vergleich zu den anderen Gemeinden des Kreises Recklinghausen. Die Stadt ist sich des Werts ihrer Naturschönheiten bewusst und nennt sich seit 2001 offiziell Haltern am See. Das ist reines Understatement, denn es gibt eine ganze Seenlandschaft. 1289 erhielt Haltern Stadtrechte, von den mittelalterlichen Befestigungen blieb nur der Siebenteufelsturm. Heute ist Haltern bekannt für die Wasserversorgung der gesamten Umgebung, als Ausflugsziel – und Wallfahrtsort, denn Gläubige pilgern zum „Halterner Kreuz" und zur Kapelle St. Anna.

Zentrum des mittelalterlichen Stadtlebens war in jeder Hinsicht der Marktplatz. Wir starten darum unsere Besichtigung am Halterner Markt.

10

Anreise Pkw/Parkplatz: Ein „Parkring" von Parkmöglichkeiten am und etwas außerhalb des Ringwalls ist ausgeschildert (P1, 2, 3, 5, 7, 8).

Anreise mit ÖPNV: Der Bahnhof Haltern am See liegt 600 Meter südlich der Altstadt, Busverbindung zum Kärtner Platz.

Besonderheiten: Wallfahrtsort, Römermuseum, Seenlandschaft, Heide

Markttreiben zwischen Rathaus und St. Sixtus

Physisch alles überragend ist der 80 Meter hohe Turm von St. Sixtus. Halterns Hauptkirche steht hier vermutlich seit 800, immer wieder umgebaut und 1877 durch einen Neubau ersetzt. Der neugotische Backsteinbau beherbergt ein anrührendes Kruzifix, das gotische „Halterner Kreuz“. Der leidende Christus wurde um 1340 geschnitzt. Der Legende nach soll das Kunstwerk gegen den Strom schwimmend in Haltern aus der Lippe gefischt worden sein und wird seither hier verehrt.

Der Kirche gegenüber steht das Alte Rathaus von 1577. Im Zweiten Weltkrieg schwer beschädigt, wurde es ohne die ursprünglichen Renaissancegiebel wieder aufgebaut. Erhalten blieb der Laubengang mit Spitzbogenarkaden. Darüber erklingt seit dem 700. Jahrestag der Stadtwerdung 1989 ein Glockenspiel. An der Gebäudeecke hängt eine Sonnenuhr. Das Stadtwappen des Wallfahrtsorts

Vor dem Rathaus sprudelt der Marktbrunnen.

Haltern ziert ein Pferdehalfter, das der für ihre Wildpferde berühmten Nachbarstadt Dülmen dagegen zeigt nichts Reiterliches, sondern – ein Kreuz.
Wie viele alte Rathäuser wurde auch dieses zu eng. 1987 errichtete die Stadt ein funktionales neues außerhalb der Altstadt. Das alte dient als Standesamt und Touristen-Information.
Die Bronzeskulpturen am Marktbrunnen erinnern an die Schwengelpumpe, die bis 1907 Wasser spendete. Nicht nur Feste beleben den autofreien Platz, er ist auch alltags „der" Treffpunkt, an dem man sich in Haltern verabredet, gerne in der Außengastronomie zwischen Blumenampeln. Auswärtigen hilft ein bronzenes Blindentastmodell der Altstadt bei der Orientierung.
Vom Markt bieten sich zwei Rundgänge an: einer nach Osten, einer nach Westen. Wir beginnen mit dem nach Osten.
Das klassizistische Gebäude neben St. Sixtus ist das alte Pastorat aus der Zeit um 1800. Die kreuzförmige Skulptur auf dem Rasen gehört dem prominentesten Sohn der Stadt, Ex-Nationalkicker Christoph Metzelder.

Rechts vom Rathaus biegen Sie in die Mühlenstraße ein. Sie führte einmal zur Stadtmühle durch das Mühlentor. Wie alle Halterner Tore wurde es abgerissen. Heute zu sehen ist hier ein alter Mühlstein, heraus quillt Wasser.

Sie halten sich rechts entlang der Gasse Lippmauer (das Ackerbürgerhaus Nr. 6 steht unter Denkmalschutz). Wo sie auf den Friedrich-Ebert-Wall trifft, liegt seit 1767 der kleine jüdische Friedhof. Der Grünstreifen mit seinen verwitterten Grabsteinen könnte idyllisch sein, müsste man nicht darauf hinweisen, dass die Nazis die winzige Halterner Gemeinde auslöschten.

Nach Westen geht es entlang des ehemaligen Walls zu einem weiteren Geschichtsschauplatz. Vom Tor an der Einmündung der Merschstraße existieren nur Reste im Boden. 1652 befreiten Söldner des Stifts Essen im Torhaus eingesperrte Gefangene. An diesen „Essener Überfall" soll ein Brunnen erinnern. Die komplexe Brunnenplastik erinnert entfernt an ein Stadttor, wirkt wie ein Perpetuum mobile im Stile des Steampunks und ist kurzweilig anzuschauen. In der Merschstraße lohnt sich ein Blick auf Nr. 11, einen siebenachsigen Putzbau mit Dreiecksgiebel.

„Der gescheiterte Varus"

Schräg gegenüber dem Merschtor liegt der Kardinal-von-Galen-Park. Dem Namenspatron setzte Haltern ein Denkmal im Park. Das neue Rathaus, die Polizeiwache und die städtische Musikschule umrahmen die Grünanlage. Von den Skulpturen verdient die eines Verlierers besondere Erwähnung: „Der gescheiterte Varus" steht in Fetzen da, nachdem seine Legionen im Teutoburger Wald untergegangen sind – darunter auch die XIX., die ihr Lager beim heutigen Haltern hatte.

Varus blickt auf eine Befestigungsanlage späterer Zeit. Der Siebenteufelsturm von 1502 und ein Stückchen Stadtmauer sind

Varus blickt auf zum Siebenteufelsturm.

die letzten Reste der Stadtbefestigung. Der Ziegelbau des Turms mit Spitzbogenfries, Schießscharten und dem Einstieg in drei Meter Höhe wird in Wintermonaten stimmungsvoll angestrahlt.
Von hier können wir durch die Gassen in wenigen Minuten zurück zum Markt bummeln. Wer will, schließt aber die Besichtigung der westlichen Altstadthälfte an.

Abstecher

Römermuseum

Vor gut 2.000 Jahren war am Ufer der Lippe auf dem Gebiet der heutigen Stadt Haltern die XIX. römische Legion stationiert. Das römische Reich war auf dem Höhepunkt seiner Macht in Germanien. Doch das weitere Vordringen wurde am Teutoburger Wald gestoppt: Drei Legionen unter dem Kommando des Feldherrn Varus gingen in der Varusschlacht unter, darunter die XIX.

Das vermutlich Aliso genannte Legionslager gilt als der am besten erforschte Militärstützpunkt aus der Zeit des Kaisers Augustus. An dieser Stelle befindet sich heute das LWL-Römermuseum. Hier können Sie mehr als 1.200 Originalfunde aus der Region besichtigen und selbst einmal das schwere Legionärsgepäck schultern. Digitale Elemente versetzen Sie ins Westfalen vor 2.000 Jahren. 15.000 Playmobil-Legionäre bilden die Truppen des Varus ab. Wechselnde Sonderausstellungen vertiefen unterschiedlichste Aspekte der römischen Kultur.

Ein besonderes Highlight des Museums ist der Außenbereich. Auf der „Römerbaustelle Aliso" rekonstruiert der Landschaftsverband Westfalen-Lippe (LWL) Bauten der Römer im Maßstab 1:1. Bisher fertiggestellt sind ein 156 Meter langes Stück der mächtigen Holz-Erde-Lagermauer und ein Tor. 2022 kam ein Wachhaus dazu. Darin können im „ersten Römer-Ecape-Room Europas" bis zu sechs Personen ab 14 Jahren Fluchtpläne ausarbeiten. Für alle spannend ist der sehr gut gemachte Film über Aliso im Museumskino.
www.lwl-roemermuseum-haltern.de

Über die Gasse Gantepoth erreichen Sie den Gänsemarkt. An dieser Stelle lag der Gänseauslauf. Skulpturen der Gänseliesel und ihrer Tiere erinnern daran. Hier findet im November der Gänsemarkt statt, zu dem Bauern der Umgebung ihre Produkte anbieten. Ländlich wirkt auch das Dreiständerhaus von 1611, Halterns ältestes Ackerbürgerhaus. Das Rinnsaal zwischen Brunnen und Siebenteufelsturm markiert den Verlauf der abgetragenen Stadtmauer.
Gleich nördlich des Gänsemarkts erreichen Sie die Rekumer Straße. Das Mutter-Anna-Standbild liegt an der Strecke zur Wallfahrtskapelle St. Anna auf dem Annaberg. Stadtauswärts begegnen Sie einer jüngeren Skulptur: Der Giftzwerg Lohmännken spukt durch eine Halterner Sage.
Zum Schluss lohnt sich ein Abstecher in die Verlängerung der Rekumer Straße zur Erlöserkirche. Die erste evangelische Pfarrkirche Halterns wurde 1912 geweiht. Das Innere des neugotischen Baus schmückt prachtvolle Jugendstil-Ausmalung. Von hier ist es knapp einen Kilometer Fußweg zurück zum Markt und anderthalb zum Römermuseum.

Das Römermuseum betreten Sie über einen rekonstruierten Spitzgraben.

Abstecher

Wälder, Heide und Seen

Haltern ist das perfekte Standquartier für Ausflüge in die Natur und ans Wasser: Heide, Moor und Wälder, Flüsse, Seen und Kanal lassen sich von hier aus besuchen. Insbesondere Wander-, Wassersport- und Vogelbeobachtungsfans kommen auf ihre Kosten.

Die Westruper Heide und die Wacholderheide im Naturschutzgebiet Hohe Mark gehören zu den wenigen Überresten der vor der Industrialisierung im Ruhrgebiet ausgedehnten Heideflächen. Hohe Mark und Haard sind die größten Waldgebiete des Reviers; Wander-, Rad- und Reitwege erschließen diese „grüne Lunge". In der Haard produziert ein Köhler jedes Jahr Holzkohle in einem Meiler.

Die Lippe und ihr biegungsreicher Zufluss Stever sind beliebte Ausflugsgebiete. Zwei Bäche fließen durch Sythen, einen ehemals dörflichen, in jüngerer Zeit wachsenden Vorort Halterns mit Bruchwald, Teichen, kleinen Moorflächen, Wasserschloss, mittelalterlicher Wassermühle und eigenem Bahnhof.

Am Wesel-Datteln-Kanal in Haltern-Flaesheim wurde 2006 eine Marina eröffnet mit 85 Bootsliegeplätzen.

Das meiste Publikum zieht jedoch zumindest in den warmen Monaten die Halterner Seenlandschaft an. Der Halterner, der Dülmener und der beschaulichere Hullerner See bieten Strandleben und Wassersportmöglichkeiten. Von den vier Silberseen dienen I und IV der Quarzsandgewinnung, II mit seinem Feinsandstrand gilt als die Badewanne des Reviers, III ist ein Naturschutzgebiet mit Rundweg.

Beliebtes Naherholungsgebiet: die Westruper Heide

800 Meter Sandstrand genießen können Sie am Stausee im Seebad Haltern.

Gastronomie:

Ratsstuben
Haute Cuisine im Ratshotel von 1811. Der Guide Michelin gibt einen Stern: „Eine Küche voller Finesse – einen Stopp wert!"
https://hotel-haltern.de

Rossini
Unschlagbare Lage direkt am Markt, günstiger Mittagstisch (auch vegetarisch), große Bier-Auswahl.
www.rossini-haltern.de

ESSzimmer by Haverkamp
Gemütliches Restaurant mit frischer Küche am Marktplatz, das auch vegetarische und vegane Küche anbietet.
www.esszimmer-haltern.de

Geheimtipp zwischen Stauseen und Bergen
Herdecke

Zwischen Bergen und Seen: Orte mit solcher Lage in Bayern oder Italien sind weltberühmt, Herdecke dagegen ist ein Geheimtipp. Den 23.000 Einheimischen wird es recht sein: Hier lebt es sich gut, darum gehört das Städtchen zu den Gemeinden mit dem höchsten Anteil an Einkommensmillionären NRWs. Die Altstadt entstand um ein Damenstift herum, wuchs langsam und entging vergleichsweise glimpflich den Bombenangriffen, Eingemeindungsversuchen und Flächenabrissen des 20. Jahrhunderts. Der Jakobsweg, die Deutsche Alleenstraße, die Route Industriekultur und der Ruhrtal-Radweg führen Gäste her. Die genießen die frische Luft aus dem Ardeygebirge und schöne Stunden am Wasser – an der Ruhr, gestaut zu Hengstey- und Harkortsee, am Herdecker Bach und an den nicht weniger als acht öffentlichen Brunnen der Innenstadt.

St. Marien zu Herdecke ist das älteste Bauwerk der Altstadt. Sie ist die Kirche des ehemaligen Stifts Herdecke. Die fromme Damengemeinschaft ist seit 1214 belegt, sie war vielleicht noch viel älter. Genau weiß das niemand mehr; das gibt zu denken, schließlich ist Herdecke

11

Anreise Pkw/Parkplatz: Kostenloser Parkplatz am Bleichstein in bequemer Geh-Entfernung zwischen Altstadt und Freizeitgelände Bleichstein am Ruhrufer

Anreise mit ÖPNV: Vom Bahnhof Herdecke zur Altstadt sind es 300 Meter zu Fuß über die Bahnhofstraße.

Besonderheiten: Stauseen, Flussufer, Brunnen, Ardeygebirge

Herstellungsort der vermeintlich gedächtnisfördernden Präparate Voltax und Tai Ginseng. Das Ende des Stifts kam 1811.
Heute ist St. Marien evangelische Pfarrkirche, noch immer überragt ihr Turm die Altstadt. Der romanischen Basilika fehlt das Westwerk, ihren Turm erhielt sie erst 1903. Efeu umrankt alte Gräber auf dem Kirchhof. Einige Grabsteine belegen eine frühe Form von Recycling: Ihre doppelte Beschriftung weist auf Wiederverwendung hin. Der den Glocken nächstgelegene wurde offenbar dreimal verwendet: 1671, 1701 und 1814.

Der Kirchturm von St. Marien

Von Herdeckes geistlichem Mittelpunkt ist es nicht weit bis zum weltlichen. Das Rathaus am Kirchplatz entstand 1913 aus der Vereinigung des damaligen Amtshauses mit der evangelischen Volksschule. Der für eine Kleinstadt beeindruckend große Bau mit dem markanten Zwiebelturm wird derzeit saniert.
Im Rathaus fiel die Entscheidung, die Altstadt nicht nach dem Zeitgeist der 1960er Jahre weitgehend abzureißen. Menschen wie der Architekt Karl Friedrich Gehse setzten sich für den Erhalt alter Strukturen ein. „Häuser zu bauen ist, wie wenn man ein gutes Stück Fleisch zubereitet“, sagte er: „Man kann es schön anrichten oder durch den Fleischwolf drehen.“ Gehses Tuschezeichnungen zeigten die Altbauten so bestechend, dass sie weitgehend der Zerstörung entgingen.

Das Rathaus liegt direkt neben der Basilika.

Gerettet und unter Denkmalschutz gestellt wurde die Bebauung des Stiftsgeländes, der Keimzelle der Stadt. Das elegant verschieferte Haus Stiftsplatz 3 entstand vor gut 200 Jahren als Unternehmervilla. Sein Keller stammt wohl vom Vorgängerbau, Wohnsitz und Grablege der letzten Äbtissin. Später waren hier eine Brennerei und Likörfabrik untergebracht, dann das Stadtarchiv und die Heimatstube, nun eine Anwaltskanzlei. Der Sandsteinbau Nr. 4 heißt nach dem Wappenrelief „Schwerterhaus"; er diente dem Stift als Verwaltungssitz, jetzt ist er der gediegenen Atmosphäre wegen als Trauzimmer beliebt. In dem großen Fachwerkbau Nr. 5 aus dem 18. Jahrhundert wohnten die letzten Stiftsdamen. Dann wurde darin Tuch gewebt und Schnaps abgefüllt. Im Anbau, einer ehemaligen Feuerwehrgarage, hat seit 1973 das Theater am Stiftsplatz sein Zuhause, ein nur 40 Plätze fassendes Zimmertheater.

Schmuck verschiefert: das Haus am Stiftsplatz 3

Abstecher

Bilsteinstraße

Nordöstlich des Stiftsbezirks mündet in die Hauptstraße die Bilsteinstraße. Dort haben sich sehenswerte Bauten aus der Zeit erhalten, als Herdecke ländlich geprägt war. Den Fachwerkkotten Bilsteinstraße 8 bewohnten einst Tagelöhner. 2020 wurde das Ensemble kernsaniert, das Holzständerwerk in alter Handwerkstechnik ausgefacht mit aus Lehm und Stroh gepressten Ziegeln. Seither können Sie in einem der acht urigen Gästezimmer übernachten.

Haus Nr. 16a ist der frühere Amtssitz des Bürgermeisters – sehr viel beengter als das aktuelle Rathaus. Das benachbarte Ackerbürgerhaus Nr. 16 diente einem Tuchmacher als Wohn- und Webstube.

Auf dem Rückweg lohnt sich ein Schlenker durch die Vestestraße. Nr. 4 ist Herdeckes größtes Fachwerkhaus, ein Gutshof aus dem 18. Jahrhundert mit 306 Quadratmetern Grundfläche.

Den nördlichen Abschluss des Stiftsplatzes bildet das Wirtshaus Bahnhofstraße 1, ein großes Fachwerkgebäude von 1822. Der Vorgängerbau war Stiftsbrauerei und -bäckerei, von ihm blieben zwei tiefe Brunnen. Weiteres Brauwasser lieferte der hinter dem Rathaus erhaltene Stiftsbrunnen. Verschwunden sind das hier befindliche Tor und die Ringmauer um den Stiftskomplex.

Gegenüber dem Rathaus-Portal führt eine Treppe durch den Ratssaal-Neubau herab zur Hauptstraße. Dort erinnert der Frederunabrunnen an die Stiftsgründerin. Zu Füßen der 1927 in Sandstein gemeißelten Frederuna kniet Herdeckes erste Äbtissin Alswedis.

Zwei Frauen aus Herdeckes Geschichte: Alswedis und Frederuna

Der nächste Brunnen liegt nur einen Steinwurf nördlich: Er sprudelt an der Hauptstraße zum Gedenken an den Viehmarkt. Marktrechte erhielt Herdecke 1355 (Stadtrechte erst 1739), der Viehmarkt wurde bis zum Zweiten Weltkrieg abgehalten. Die Viehmarktbrunnen-Skulpturengruppe aus Händlern und dem lieben Vieh zieht Kinder an, die Vogel-Skulpturen tragen Brillen und wenden den Blick von der Einfahrt zur Rathaus-Tiefgarage ab.

Sackträgerbrunnen

Bedeutender noch als der Viehhandel war der Kornmarkt. Den Männern, die die schweren Kornsäcke abluden, setzt der Sackträgerbrunnen ein Denkmal am ehemaligen Kornspeicher Hauptstraße 1 mit seinem markanten Andreaskreuz-Fachwerk. Vor dem Café im Haus Nr. 2 steht ein kleiner Flachbrunnen. Den Brunnen beim Pub in Nr. 38 sichert ein schmiedeeisernes Spinnennetz. Und als bei Nr. 35 ein weiterer Brunnen installiert wurde, gingen den Herdeckern die Namensideen aus – er heißt seit 1987 provisorisch Stelenbrunnen, seiner Form wegen.

Wenn Sie die Hauptstraße und ihre Seitenstraßen entlang bummeln, stoßen Sie auf viele Beispiele für pfleglichen Umgang mit historischer Bausubstanz. Dem Charakter der Altstadt insgesamt wurde die 2016 abgeschlossene Modernisierung der Hauptstraße gerecht. Die Stadt verengte die Fahrbahn, führte Tempo 20 ein, erweiterte den Fußgängerbereich und ließ neu pflastern. Die Baumpflanzungen und die moderne Straßenbeleuchtung harmonieren gut mit den Altbauten. Der Kampsträter Platz am Schnittpunkt von Haupt-, Wetter-, Kamp- und Stiftsstraße wurde aufgewertet: Statt eines Parkplatzes findet sich nun Gastronomie an einer breiten Freitreppe aus Ruhrsandstein.

Südöstlich der Hauptstraße mit ihren Geschäften und sehenswerten Fachwerkbauten (Sandstein war den Stiftsgebäuden vorbehalten) liegt das Bachviertel. Bachstraße und neue Bachstraße liegen zu beiden Ufern des Herdecker Bachs. Der wirkt putzig, doch er kann auch anders: Hochwasser überschwemmte diesen niedrigsten Teil der Altstadt zuletzt 2021. Eine Hochwassermarke am Haus Bachplatz 1 kennzeichnet den Stand der Flut von 1890 (in Essen-Werden finden Sie nahe der Brücke eine weitere).

Krumme Gassen, schiefe Winkel und viel Grün machen das Flair dieses verwunschenen Quartiers aus. Vor dem Haus Bachplatz 5 steht Brunnen Nr. 8, der Rosenbrunnen.

Der schnuckelige 40-Quadratmeter-Bau Bachplatz 18 wurde als „kleinstes Hotel Deutschlands" bekannt. Vier Betten waren wohl zu wenig Kapazität, nun wird das Kleinod privat genutzt.

Die Lage am unberechenbaren Wasser zog früher nur die an, die sich nichts Besseres leisten konnten oder Wasserkraft benötigten: Gerber (daher der Name Gerberstraße), Müller und Schmiede. Heute ist das idyllische Bachviertel mit seinen vielen Grün, den Fußgängerbrücken und dem Wasserlauf ein Vorzeigequartier des Strukturwandels.

Verwunschenes Idyll: das stille Bachviertel

Abstecher

Das Koepchenwerk am Hengsteysee

Stauseen und Viadukt

Die Stauseen helfen, das Ruhrwasser zu filtern und den Ruhrpegel zu regulieren. Von Anfang an waren sie überdies als Energielieferanten geplant. Wasserkraftwerke sind in alle Ruhr-Stauwehre eingebaut.

Das Laufwasserkraftwerk im Hengstey-Wehr liegt auf der Stadtgrenze Hagen-Herdecke. Ungewöhnlich ist das Koepchenwerk, benannt nach seinem Planer. RWE nahm es 1930 am Hengsteysee in Betrieb, um elektrische Energie zu speichern: Ist viel Strom vorhanden, pumpt die Anlage Wasser in ein 165 Meter höher gelegenes Becken. Bei hoher Nachfrage lässt sie es über stromerzeugende Turbinen zurück in den See fließen. Den verwilderten Hang haben junge Herdecker 2021 gerodet, um Wein anzubauen – Klimawandel und Steillage machen's möglich.

Genauso visionär war es 1929, den ersten Ruhrstausee anzulegen. Der „Hengsteystrand" erhielt gleich eine Badeordnung: „Zum Ausspucken" durften „nur die Spucknäpfe benutzt werden". Längst sind Hengstey- und Harkortsee etabliert als Erholungsgebiete mit zahllosen Freizeitangeboten am und auf dem Wasser. In Herdecke gehört dazu das Freizeitbad Bleichstein.

Der Harkortsee wartet darüber hinaus mit einem architektonischen Meisterwerk auf: Der fast 30 Meter hohe, klassisch-elegant geschwungene Viadukt führt seit 1879 die Eisenbahn übers Wasser.

Gastronomie:

Pasta Passion

Der Name ist Programm: Nudelmanufaktur, Bistro und Feinkostladen an und auf der Hauptstraße. Zwölf Sorten Ravioli!

www.pasta-passion.de

Der Viadukt über der Ruhr mit dem Ausflugsschiff Friedrich Harkort in Herdecke.

Café erste Sahne
Sehr beliebtes Frühstücks- und Eiscafé am Stelenbrunnen, viele Zutaten stammen aus regionalem oder Bio-Anbau.
www.cafeerstesahne.de

Zweibrücker Hof
Hotelgastronomie in klarem Design, Winter- und Bambusgarten mit Ruhrblick, wenige Gehminuten südlich der Altstadt.
www.riepe.com/Herdecke

Planstadt mit Patina
Hagens Freilichtmuseum

Auch wenn herausgeputzte Altstädte museal wirken können: Dieses Museum hätten Sie vermutlich nicht erwartet in einem Altstadtführer. Das Freilichtmuseum ist kein historisch gewachsener Ortskern, sondern besteht aus Gebäuden, die aus ganz Westfalen hierher verlegt und zu einem Reihendorf längs eines malerischen Tals gefügt wurden. Rund 60 alte Werkstattgebäude und nostalgische Läden zeigen 200 Jahre Handwerks- und Technikgeschichte. Führungen, Workshops und Feste garantieren Leben in dieser Altstadt aus der Retorte. Dabei ist das Museum geschichtsträchtiger als manche City: Es wurde ab 1960 aufgebaut, 1973 für das Publikum eröffnet. Mehr Gebäude dürfen Sie in keiner anderen Altstadt betreten. Entdecken Sie lodernde Schmiedefeuer, ratternde Wasserräder und Druckmaschinen und entspannen Sie im Grünen!

Der wichtigste Tipp vorweg: Steuern Sie vom brandneuen Eingangsgebäude gleich das entgegengesetzte Ende des Geländes an. Dort wartet im Handwerkerdorf eine köstliche Belohnung auf Sie: Stuten oder Dinkelbrot, bis 11:00 Uhr frisch gebacken im Schanzenofen der Bäckerei. Sie können nicht in beliebiger Menge hergestellt werden und sind darum je nach Publikumsandrang oft schon mittags ausverkauft.

12

Anreise Pkw/Parkplatz: Navi: Selbecker Straße 200, 58091 Hagen. Innerstädtisch den Wegweisern „Freilichtmuseum" folgen. Gratis-Parkplätze auch für Fahrräder am Museumeingang

Anreise mit ÖPNV: Ab Hauptbahnhof Hagen Bus 512 oder Regionalbus 84 bis Freilichtmuseum

Besonderheiten: Museum, Industriekultur, Werkstätten, autofrei

Der zu Teichen gestaute Mäckinger Bach treibt Maschinen an und kühlt Füße.

Auf dem Weg zum Handwerkerdorf (Museumsbereich „A“) setzt schon Erholung ein. Denn Sie bewegen sich entlang des Mäckingerbachtals. Dieses Waldwiesental hat bereits die Anmutung des Sauerlands: Eingeschnitten in die Landschaft, links und rechts Wald und Weiden, fließt in der Mitte der Bach. Gemeinsam mit dem Schatten der Bäume spendet er Kühlung, bietet Lebensraum für Tiere, treibt Hämmer und Mühlräder an. Und es wirkt ungemein entspannend, von Wasser- statt von Verkehrsrauschen begleitet zu werden.

Entspannend ist auch der Fußweg. Das Gelände ist relativ barrierearm. Ein schienenloses Elektro-Bähnchen sorgt für noch bequemeres Vorwärtskommen.

Hinter dem dritten Teich machen weitere Wasserläufe dem Mäckinger Bach Konkurrenz. Wir halten uns immer Richtung Süden und erreichen das Handwerkerdorf.

Rund um den Dorfplatz gibt es alles, was noch vor wenigen Generationen zu einem lebendigen Dorf gehörte. Da ist natürlich ein Gasthof, er heißt nicht zufällig „Zur Post“: Die einstige königlich-preußische Poststation beherbergte auch die Poststube, die Remise nebenan Wagen und Pferde. Drinnen lohnt sich ein Blick auf die Kutsche und den gusseisernen Küchenherd.

Der Gasthof Zur Post (links) und die Brauerei

Ein größeres Dorf hat natürlich ein Bürgermeisteramt. Hier heißt es Mairie, denn als es im heutigen Hagen-Boele errichtet wurde, stand Westfalen unter napoleonischer Herrschaft. Im Fachwerk sehen Kenner die Figur „Wilder Mann“. Seit 1978 steht die Mairie im Museum. Sie können hier heiraten!

Das kleinste Gebäude auf dem gepflasterten Dorfplatz gehörte ebenfalls einer Gemeinde: Die Brückenwaage maß einst in Haspe das Gewicht beladener Kohlewagen.

Passend nah an der Remise liegen Stellmacherei und Hufschmiede. Es gibt auch eine Räucherei, eine Schreinerei, eine Kürschnerei, eine Sattlerei und eine Schuhmacherei, Werkstätten zur Schmuck-, Uhren- und Brillenproduktion. Etwas entfernt liegen die langgezogene Seilerei und die prachtvolle Dampfmahlmühle.

Das Tolle an diesem Museum ist, dass Sie in den historischen, originalgetreu eingerichteten Werkstätten häufig Handwerkern bei der Arbeit zuschauen können – und mancherorts sogar selbst Hand anlegen. Entdecken Sie verborgene Handwerkertalente in sich!

Abstecher

Windmühle und Kaltwalzmuseum

Vom Handwerkerdorf aus sind es nur wenige Schritte bis zur Windmühle und zum Deutschen Kaltwalzmuseum.

Die Turmwindmühle ist eines der markantesten Wahrzeichen des Museums – und weit herumgekommen. Erbaut wurde sie Mitte des 19. Jahrhunderts im Kreis Minden-Lübbecke. 1965 zog sie um an den Eingang zum Mäckingerbachtal. Niederländische Fachleute zerlegten sie und bauten sie 2021 bis 2022 oberhalb des Handwerkerdorfs wieder auf. Der neue Standort bindet den 25 Meter hohen, schindelverkleideten Bau näher an das Museum an, zudem machen hier am höchsten Punkt des Geländes die Flügel mehr Wind.

Auf derselben Anhöhe liegt Haus Letmathe. Einst Museumsgastronomie, ist es seit 2024 Sitz des Deutschen Kaltwalzmuseums. Das war zuvor im Schloss Hohenlimburg untergebracht, passt aber besser in ein Technikmuseum. Außer schweren Maschinen sind Kaltwalz-Produkte zu sehen vom Volkswagen bis zur Gabel.

Die Turmwindmühle ist eines der Wahrzeichen des Museums.

Nostalgisches Einkaufserlebnis im Kolonialwarenladen

Wenn Sie davon Hunger bekommen haben, können Sie sich in Tante Emmas Kolonialwarenladen und der Fleischerei verproviantieren; schöne Sitzgelegenheiten für Picknicks sind im ganzen Tal angelegt. Vielleicht zieht es Sie auch in die zünftige Brauerei (mit Ausschank), die Schnapsbrennerei, die Kaffeerösterei, in die Senfmühle und Essigbrauerei. Von der Bäckerei haben Sie ja schon gelesen. Die Tabakfabrik ist wegen ihres reichen Fassadenschnitzwerks eines der meistfotografierten Gebäude des Museums.
Wie kam nun so ein historisches Bauwerk hierher? Translozierung heißt der Umzug fachsprachlich. Dazu wird das Gebäude am ursprünglichen Standort sorgfältig vermessen, analysiert und dokumentiert, die Inneneinrichtung inventarisiert. Fachleute nummerieren die Teile und tragen sie einzeln ab. Am neuen Standort bauen sie das Gebäude wieder auf und ergänzen bei Bedarf fehlende Partien. So wie in Ägypten die berühmten Tempel von Abu Simbel wurden aus ganz Westfalen typische Handwerksbetriebe transloziert: ins LWL-Freilichtmuseum Hagen – Westfälisches Landesmuseum für Handwerk und Technik, wie es mit vollem Namen heißt.
Auf dem Weg vom Museumsbereich „A“ nach „B“ passieren wir die einzige Gebäudegruppe, die ihren historisch angestammten Platz nie verlassen hat, den Hof Mäcking. Nach ihm ist das Tal benannt.

In der Tabakfabrik werden Zigarren von Hand gefertigt.

Was wie ein gekappter Wachturm aussieht, ist ein Kornkasten: Der Speicher diente zur Aufbewahrung des Zehnten, also der Naturalien-Abgaben.

Zwischen Teichen liegt Museumsabschnitt „B“, sozusagen das Mühlenviertel. Hier sind von Süd nach Nord angeordnet eine holzverkleidete Sägemühle, eine Ölmühle, eine Holzscheune und ein großer Papierherstellungskomplex aus Papier- und Pappemühlen, Papiermaschine und Druckerei. Die Papiermühle ist ausnahmsweise ein Nachbau. Sie beherbergt eine Ausstellung zur Papierherstellung, das Büttenpapier ist ein beliebtes Mitbringsel aus dem Museumsladen.

Abstecher

Zinkwalzwerk

Etwas abseits vom Hauptweg durch das Museumsgelände liegt im Osten der Druckerei das Zinkwalzwerk Hoesch. Es stand ursprünglich in Schneidhausen in der Eifel. Das Walzgerüst von 1847 wurde 1963 nach Hagen transportiert, seit 1981 ist die Anlage in ihrem angestammten weiß getünchten Backsteinbau mit den hohen Sprossenfenstern zu besichtigen.

Das Zinkwalzwerk Hoesch ist eines der ältesten erhaltenen Walzwerke Deutschlands mit originaler Inneneinrichtung. Drin lernen Sie, wie Zink zu Zinkblech verarbeitet wird. Sie erfahren auch viel Wissenswertes über die Geschichte von Entdeckung und Nutzung des Zinks – des „achten Metalls", das die Naturwissenschaft erforscht hat. Die Entdeckung des Zinks als Metall begann erst im späten Mittelalter. Zink rostet nicht, das macht es so vielseitig: Wetterhähne, Gießkannen oder Orgelpfeifen gehören zu den traditionellen Produkten.

Von der Holz- und Papierverarbeitung spazieren wir in den Museumbereich „C“ zum Thema Stahl- und Eisenbearbeitung. Vor dem nächsten Teich zieht das dreiteilige Ensemble des Sensenhammers den Blick auf sich. Hier lernen Sie die 17 lautstarken Arbeitsgänge kennen, in denen eine Sense geschmiedet wird. Verstreut an den Ufern

Deutsches Schmiedemuseum und „Museumsterrassen“

des Teichs befindet sich ein Dutzend weiterer Werkstätten, darunter eine Drahtzieherei und alle erdenklichen Schmieden. Vertiefen können Sie Ihr Wissen im Deutschen Schmiedemuseum, untergebracht in einem repräsentativen Siegerländer Amtshaus aus Fachwerk mit Bruchsteinsockel. Nebenan können Sie sich im Restaurant „Museumsterrassen“ stärken.

Das letzte Ensemble „D“ vor dem Ausgang widmet sich den Nichteisenmetallen. Das Gebäude des Kupferhammers stammt aus dem Sauerland, die Inneneinrichtung aus Kassel und Osterode. Hier wird auch an die im Mäckingerbachtal ansässige Kupferzeche erinnert. Thematisch aus dem Rahmen fällt der nebenan untergebrachte nostalgische Friseursalon.

Spätestens wenn Sie hinter der Lohmühle den Ausgang erreichen, wird klar: Diese künstliche Altstadt ist so vielfältig, dass sie sich nicht in einem einzigen Tagesbesuch oder Reiseführer-Kapitel komplett erfassen lässt!

Info

Das Museum ist vom 1. April bis 31. Oktober geöffnet, und zwar dienstags bis samstags und feiertags von 9:00 bis 17:30 Uhr, sonntags bis 18:00 Uhr. Es gibt viele Vorführungen, Führungen und Events. Der Eintritt ist für Minderjährige frei. Am Eingang können Sie Bollerwagen leihen. Bargeld mitnehmen!
www.lwl-freilichtmuseum-hagen.de

Gastronomie:

Museumsterrassen
In der Mitte des Tals: Westfälisch-Deftiges wie Potthucke (ofengebackener Kartoffelteig). Biergarten am Bach.
www.lwl-freilichtmuseum-hagen.de/essen-und-trinken

Gasthof Zur Post
Im Handwerkerdorf am Südende des Museumsgeländes bekommen Sie in diesem Café und in der Brauerei Getränke und kleine Speisen.
www.lwl-freilichtmuseum-hagen.de/essen-und-trinken

Weitere Alternativen
Verpflegen Sie sich im Kiosk am Eingang oder in den historischen Geschäften. Viele Picknickplätze!
www.lwl-freilicht-museum-hagen.de/de/essen-und-trinken

Die neue Altstadt
Lünen

Lünens Altstadt ist umgezogen. Es gibt eine alte Altstadt und eine neue Altstadt, das ist genau genommen die Neustadt, wo aber die älteren Gebäude stehen. Klar soweit? Wohl erst nach einem Rundgang durch die Stadt an der Lippe. Einen tagesfüllenden Altstadtbummel können Sie hier nicht machen, dafür blieb zu wenig Bausubstanz stehen. Aber wenn Sie schon mal hier sind, zum Kinofest Lünen etwa oder im Heinz-Hilpert-Theater, zum Besuch der Zechensiedlungen, zum Wandern an der Lippe oder auf dem Landesgartenschaugelände: Entdecken Sie eine Altstadt, die nicht jeder kennt, und kombinieren Sie das mit einen Abstecher in die Nachbaraltstadt von Waltrop – vielleicht wollen Sie anschließend siedeln in einer der wenigen Altstädte in diesem Buch, in denen reelle Chancen auf Immobilienerwerb bestehen!

Dutzende Kirchenbesichtigungen brachte die Recherche für den Altstadtführer mit sich, aber nur eines der so unterschiedlichen Gotteshäuser wirkte gemütlich: St. Georg in Lünen.

13

Anreise Pkw/Parkplatz: Via Parkleitsystem bis P5 Pfarrer-Bremer-Parkplatz oder P7 Parkhaus Christinentor

Anreise mit ÖPNV: Lünens Hauptbahnhof liegt einen Kilometer nördlich des Alten Quartiers. Busse bis Haltestelle Lange Straße

Besonderheiten: Kontraste, Brunnen, Uferpromenade

Besondere Atmosphäre: St. Georg

Die 1366 fertiggestellte Kirche ist das älteste Gebäude der Stadt. Sie liegt tiefer als die Häuser, denn die wurden nach den vielen Bränden Lünens immer wieder auf Trümmern neu errichtet. Zum Turmportal steigen Sie darum herab. Drinnen hat die Gemeinde Sitzgelegenheiten mit Kissen eingerichtet: Gäste sind willkommen. In freundlichen Farben gehalten ist das Kircheninnere, der Rahmen für Altargemälde und andere Kunstwerke. Kerzenlicht verstärkt die warme Atmosphäre. Man fühlt sich hier geborgen.

Darf das sein? In einer Kirche gotischen Baustils, der doch Ehrfurcht gebieten soll? Da haben Sie schon mal was zum Nachdenken, wenn Sie sich von hier aus auf den Weg durch die erhaltenen Teile der Altstadt machen.

Lünens Stadtsanierung wurde durchgreifend und ohne Rücksicht auf gewachsene Strukturen betrieben. Es war eine Zeit des Aufbruchs, hinfortgefegt werden sollte das Alte, das Neue großstädtisch wirken. Ein 14-geschossiges Rathaus musste es 1960 sein, davor ein kahler Platz mit Betonbrunnen. Der Platz wurde inzwischen aufgehübscht. Dem Rathaus ist architektonische Qualität nicht abzusprechen, „Big Beautiful Building" nennen Fans so etwas heute, aber der 54 Meter hohe Turm blieb ein Fremdkörper in der Umgebung.

Südwestlich St. Georgs blieb stehen, was heute als „Altes Quartier" vermarktet wird. „Viertel" wäre passender, denn aus der Vogelperspektive ist es ein Viertelkreis, in dem drei stille Gassen Altstadt-Atmosphäre verströmen: Roggenmarkt, Silber- und Mauerstraße.

Die Mauerstraße markiert den Verlauf der abgebrochenen Stadtmauer. Da gibt es viele Details zu entdecken wie den sehr schön farbig gefassten Eingang zu Nr. 48a oder die Inschrift von 1651 an der schmalen Nr. 93. Anwohner haben Sitzbänke vor ihre engen Behausungen gestellt. Laternen und Blumenpflanzungen strahlen Behaglichkeit aus.

Der Müller als Brunnenfigur

An die frühere Funktion des Roggenmarkts erinnert die Brunnenfigur eines Müllers. Im Schatten einer alten Kastanie lässt sich verschnaufen. Am wohl ältesten Wohnhaus Lünens, Nr. 3, können Sie sich an einem Ratespiel beteiligen: Zeigt die Balkeninschrift ein Baujahr 1600, oder ist die letzte Ziffer eine 9? Mehrheitsmeinung vor Ort: 1600.

Die Silberstraße hieß ursprünglich Pothstraße, ungefähr: Pfuhlstraße, des hohen Grundwasserstands wegen. Hier beeindruckt das Ackerbürgerhaus Nr. 3 von 1664. Das Fachwerkhaus Nr. 5 war Kolonialwarenladen. Davor blüht ein Meer von Lavendel. Neckisch wirkt der Herzchen-Fries an der Jugendstilfassade von Nr. 6. Stimmungsvoll ist es hier, sieht man von ein paar Rauputzfassaden ab; dennoch gibt es auch Leerstand.

Ist dies nun die Altstadt Lünens? Ja und nein. Lünen lag ursprünglich am Nordufer der Lippe. Dem Landesherrn gefiel es, sie 1336 auf das Südufer zu verlegen. Was heute nördlich der Lippe steht, heißt Altlünen. Dort gibt es auch die Altstadtstraße. Die dortige Bebauung ist aber jünger als die des Alten Quartiers.

Altstadt von Lünen mit der Kirche St. Georg

mister.lady

Abstecher

Bergbauvergangenheit

Wie das Rathaus polarisiert auch ein weiteres bekanntes Bauwerk in der ehemaligen Bergbaustadt Lünen: Nach der Stilllegung der Zeche Minister Achenbach setzte der Designer Luigi Colani dem Fördergerüst von Schacht 4 ein 300 Quadratmeter großes, ellipsenförmiges Büro aus Kunststoff auf: das „Colani-Ei", heute offiziell Lüntec-Tower des gleichnamigen Technologieparks, meist aber schlicht „Ufo" genannt. Das spektakuläre Ei können Sie mieten.

Markantes Wahrzeichen: das „Colani-Ufo"

In der Zechenkolonie Achenbach im Ortsteil Brambauer ist ein Bergarbeiter-Wohnmuseum eingerichtet. Eine Hälfte eines 1905 gebauten Zechenhauses Rudolfstraße 10 zeigt die private Lebenswelt der Bergleute der 1920er bis 1950er Jahre mit Wohnküche, Kohlenherd und Nutzgarten.

Wir wenden uns nach Norden, immer der Langen Straße nach. Rechter Hand liegt St. Georg. Kurz vor der Lippebrücke bringt uns ein Abstecher nach rechts in die Ringstraße zu Fachwerkhäuschen aus dem 18. Jahrhundert.

Am Nordufer thront das festungsähnliche Lippezentrum. Der Wohn- und Geschäftskomplex wurde 1981 fertig. Seinem siebten Stockwerk setzten die Architekten Giebeldächer und Fachwerk auf als Zitat abgerissener Altbauten.

200 Meter weiter nach Norden weitet sich die Münsterstraße zu einem Platz. Hier verabredet sich halb Lünen an der Persiluhr von 1928. Von diesen historischen Reklamesäulen mit Uhr sind im Ruhrgebiet mehrere erhalten. Besonderen Kultstatus erreichte aber nur die in Lünen, wo das benachbarte Hotel und eine Haltestelle nach der Uhr benannt wurden. Die Persiluhrpassage wurde 2025 als Bildungszentrum mit Stadtbibliothek neu eröffnet.

Vis-à-vis steht seit der 650-Jahr-Feier der Stadt 1991 eine Ochsengruppe aus Bronze. Sie erinnert an die Viehtriebe Richtung Köln. In den beiden Eisdielen nebenan ist immer Betrieb.

Ein Denkmal erinnert an den Ochsenzug.

Über diesen Nordteil der Innenstadt verstreut sind sehenswerte Bauten. In der Borker Straße blieb eine Häuserzeile aus der Gründerzeit stehen. Kurz vor der B 236 macht die Architektur der Alten Sparkasse und des Kaiserlichen Postamts Eindruck, beide könnten eine Renovierung vertragen. Prächtig sind die Villen in der Erzbergerstraße, die zu Lünens größter Kirche führt: der neugotischen St. Marienkirche. Davor erinnert eine Stele daran, dass dies der eigentliche Standort der Altstadt war.

Abstecher

Altstadt Waltrop

Fachwerkbauten umringen St. Peter in Waltrop.

Lünens Nachbarstadt Waltrop kann mit einem Kranz historischer Fachwerkbauten rund um die Pfarrkirche St. Petri aufwarten und mit weiteren sehenswerten Altbauten in der Innenstadt.

Im Gegensatz zum flachen Lünen steht der Waltroper Altstadtkern auf einem Hügel. Die ihn einst umgebende Wall-Graben-Anlage ist nicht erhalten. Nur der massive romanische Westturm der Kirche erinnert noch an die Befestigungen. Abergläubische meiden den Besuch am 28. Mai – zweimal an diesem Datum traf der Blitz die Turmspitze, 1308 und 1783.

An St. Peter kann man das Bevölkerungswachstum Waltrops gut ablesen: Aus Bruchstein bestehen die alten Bauteile, 1895 wurde eine Backsteinhalle quer angebaut, um den zugewanderten Arbeitskräften Kirchenplätze zu bieten.

Die alte Turmuhr der Kirche finden Sie auf dem Kirchplatz. Glasgeschützt versieht sie dort ihren Dienst. Hypnotisiert Sie das Pendel?

Der Ring aus Fachwerkhäusern um die Kirche hat nur wenige Durchgänge. Der Name „Rösterstraße“ erinnert daran, dass der Zugang zum Kirchhof mit Rosten gegen streunende Schweine und Hunde gesichert war.

Besonders schmuck ist das Fachwerkhaus Kirchplatz 5. Es wird Tempel genannt und stammt aus dem Jahr 1575. Sein Obergeschoss kragt zum Platz hin über, die tragenden Elemente sind verziert, das Fachwerk weist Andreaskreuze auf.

Schön ist auch Nr. 23 mit der davor stehenden Schwengelpumpe. Es ist fast so alt wie der Tempel und beherbergt Deutschlands kleinsten Weltladen. Den besten Blick auf den Kirchplatz mit seinen Linden haben Sie vom Hotel-Restaurant in Nr. 3–4. Ansonsten gibt es hier leider keine Sitzgelegenheiten für eine Rast.

Auf der Rückseite des Weltladens verläuft Richtung Westen die Straße Bissenkamp. Dort sind etliche alte Häuser erhalten. An der Ecke Bissenkamp/Hilberstraße wurden noch 2025 zwei Altbauten abgerissen. Einige historische Bauten warten auf eine neue Nutzung.

Wenn Sie vom Kirchplatz der Fußgängerzone Rösterstraße nach Osten folgen, passieren Sie den Kiepenkerlbrunnen. Er setzt dem Händler Josef Flöring (1847–1935) ein Denkmal, der mit seiner Rückentrage (Kiepe) umherzog und Waren austrug.

Nach wenigen hundert Metern erreichen Sie an der Dortmunder Straße eine bemerkenswerte Gegenüberstellung. Schneeweiß ist die Arztvilla Nr. 50 mit ihrer Loggia, geduckt und von der Patina der Jahrhunderte verdunkelt dagegen das ebenfalls denkmalgeschützte Bauernhaus mit Schweinestall Nr. 55. Auf dem Weg dorthin passieren Sie den Gebäudekomplex Bröggelhoff: Dazu gehören eine münsterländische Kneipe und die 1850 gegründete Kornbrennerei.

Gastronomie:

Drei Linden
Nur dem Namen nach Brauhaus, aber eines der ältesten Gasthäuser Deutschlands; Biergarten. Tipp: Sonntagsbraten!
www.brauhaus-drei-linden.de

Irodion
Alteingesessenes griechisches Lokal mit schönen Plätzen am Roggenmarkt, gute Auswahl preisgünstiger Lammgerichte.
www.irodion-luenen.de

Namaste
Das indische Restaurant in der Fußgängerzone (ehemals Restauration Karl Edelbrauck) kommt gut an.
https://namaste-luenen.metro.rest

Friedliches Pflaster

Werne

In unruhigen Zeiten ist es tröstlich, dass die Menschen zu Frieden und Zusammenarbeit fähig sind. Dazu besannen sich früh die Westfalen: 1253 schlossen Münster, Dortmund, Soest und Lippstadt auf der Lippebrücke bei der Bauernschaft Werne einen Bund, der generationenlang Schutz, Rechtssicherheit und Handel gewährleistete. Werne erlebte freilich auch finstere Phasen, doch Ende des 18. Jahrhunderts fühlte man sich sicher genug, die Stadtbefestigungen auf Abbruch zu verkaufen. Es entstanden feste Straßen und Steinhäuser, die bis heute die Fachwerkbauten Wernes harmonisch ergänzen. Wenn auch der Stadtkern nicht ausschließlich aus Altbauten besteht, so gibt er doch ein stimmiges Gesamtbild ab – bis hin zu den Stromkästen, die nicht mit Graffitis, sondern mit historischen Stadtansichten verziert sind.

Der „Tolle Christian", Herzog von Braunschweig-Wolfenbüttel, brandschatzte im Dreißigjährigen Krieg noch gründlicher als andere. 1623 zog er mit seinen Söldner gen Werne, fand aber im Nebel den Weg nicht. Das Städtchen blieb verschont.

14

Anreise Pkw/Parkplatz: Sechs ausgeschilderte Parkplätze/-häuser, der größte Parkplatz ist der am Solebad, Am Hagen 2 (drei Stunden gebührenfrei).

Anreise mit ÖPNV: Regionalbahn 50 ab Münster oder Dortmund bis Werne a. d. Lippe, von dort bis zum Markt 17 Minuten Fußweg oder 6 Minuten mit den Linien R 14, R 81

Besonderheiten: Kloster, Solebad, Kirmes, Stadtpark

Ein Teil dieser Geschichte mag erfunden sein, aber in Werne findet bis heute jährlich eine Prozession zum Gedenken an die Bewahrung des Orts statt. Und Werne liegt noch immer jenseits der großen Verkehrsströme. Gut für Sie, denn die Altstadt ist selbst bei schönem Wetter nicht überlaufen.

Info

Altstadtsanierung

Überlegungen zur Sanierung der Werner Altstadt gab es seit 1929. Aber erst Mitte der 1960er Jahre nahm die Planung Fahrt auf. Insbesondere wollte man den überörtlichen Durchgangsverkehr aus der Altstadt verbannen, was auch gelungen ist. Nicht zur Ausführung kam ein Konzept, die Altbauten weitgehend durch drei- bis fünfgeschossige Flachdachbauten zu ersetzen. Zwar wurden Neubauten eingefügt, doch in der Regel mit Giebeldächern. Eine der Ausnahmen ist das massive Gebäude der Volksbank an der Ecke Bonen-/Konrad-Adenauer-Straße.

Das Rathaus und die Gebäude am Markt entgingen dem Abriss.

Parken Sie am besten am Solebad. Dessen Besuch sollten Sie nach Ihrem Rundgang nicht versäumen. Eine große Seilscheibe erinnert an 99 Jahre Bergbau in Werne bis 1998. Hinter dem Kreisverkehr beginnt die weitgehend verkehrsberuhigte Altstadt.
Die erste Querstraße heißt „Südmauer". Dies ist der letzte erhaltene Teil der Stadtbefestigung. Folgen Sie ihr nach Osten, treffen Sie auf den jüdischen Friedhof mit seinen verwitternden Grabsteinen. Er ist alles, was die Nazis von der kleinen Gemeinde übrig ließen.
200 Meter weiter stoßen Sie auf das Kapuzinerkloster St. Petrus und Paulus (siehe Seite 130).
Die Klosterstraße führt zwischen Fachwerkbauten und Sparkasse zum Markt. Das prachtvolle Gebäude mit dem Dreistaffelgiebel an der Stirnseite ist das historische Rathaus von 1514. Außer dem Rat tagte darin das Gericht, darum stand davor der Pranger. Heute sehen Sie dort die Skulptur eines Ausrufers, passenderweise vor der Zeitungsredaktion.

Lebensgroße und -nahe Skulpturen finden Sie auch an weiteren Stellen der Altstadt: An der Sparkasse beklagen Kinder ein zerbrochenes Sparschwein. Vor dem stilreinen Bauhaus-Gebäude Steinstraße 14 mühen sich zwei Jungen mit einer störrischen Ziege ab. Beim ältesten Steinhaus der Stadt (um 1400, heute Stadtbücherei) am Moormannplatz plätschern zwei Zierbrunnen – einer davon von in Metall gegossenen Nagern belagert.
Zurück zum Markt: Hier findet dienstags- und freitagsvormittags der Wochenmarkt statt. Bis in die Steinstraße hinein ergänzen Stände mit Frischverpflegung aller Art, Honig, Gewürzen, Uhren, Textilien und Blumen das Angebot der Ladenlokale.

Links vom Rathaus führt ein schmaler Durchgang zum Kirchhof. Dort ballen sich die Sehenswürdigkeiten: die Pfarrkirche St. Christophorus, das alte Amtshaus und zahlreiche weitere historische Gebäude.

Am Weg

Kapuzinerkloster St. Petrus und Paulus

Dies ist eines der bundesweit ältesten Klöster des Kapuzinerordens. Acht Niederlassungen dieses „Bettelordens" gibt es in Deutschland. 1659 ließen sich die ersten Kapuzinermönche in Werne nieder, heute leben hier derer vier. Sie arbeiten als Seelsorger und bieten monatlich Führungen an.

Architekt des Klosters war Ambrosius von Oelde. Von ihm stammen etliche Kirchen und Schlösser im Bistum Münster, begraben ist er im Kloster. Die Klosterkirche ist architektonisch schlicht gehalten, aber barock ausgeschmückt.

Wenn Sie nach dem Besuch der Kirche den Klosterhof betreten, empfängt Sie zunächst nach einem Grünstreifen eine kahle Parkfläche. Wenige Meter weiter gelangen Sie zum von Ehrenamtlern gepflegten Garten mit Obst- und alten Buchsbäumen, Kräuter- und Blumenbeeten. Kurios ist der kleine Fachwerkbau, der wie ein Schwalbennest auf der Süd-Ecke der Klostermauer zu kleben scheint: Im Pesthäuschen wurden die Mönche isoliert, die im 17. und 18. Jahrhundert Pestkranke betreuten.

Am Weg

Museum und Sim-Jü-Kirmes

Das mehr als 300 Jahre alte Amtshaus am Kirchhof beherbergt das Heimatmuseum mit rustikalen Erinnerungsstücken an westfälisches Provinzleben. Die Geschichte der alten Hansestadt Werne wird dagegen modern aufbereitet. Im Keller lagern Meteoriten und versteinerte Saurier-Eier. Ein eigener Raum befasst sich mit der traditionsreichen Sim-Jü-Kirmes, dem größten Volksfest an der Lippe: Hunderttausende kommen rund um den vierten Sonntag im Oktober; weniger um die Apostel Simon und Judas zu ehren, als der 200 Schaustellerbetriebe, des Krammarkts und des verkaufsoffenen Sonntags wegen.

St. Christophorus wurde der Überlieferung nach von Liudger gegründet, ihm begegnen Sie im Kapitel über Essen-Werden wieder. Das mehrfach modernisierte Gotteshaus zeigt sich heute als gotische Hallenkirche. Spätgotisch sind Teile der Innenausstattung: der achteckige Taufstein und Marienfiguren, besonders kostbar ist die Madonna im Strahlenkranz. Kinder werden den steinernen Narrenkopf mit Eselsohren an der Westseite unterhaltsamer finden. Wie ein Ufo wirkt die Sakristei im Norden, eine Arbeit aus dem Büro des großen Architekten Gottfried Böhm.

Gegenüber diesem städtebaulichen Stilbruch steht das alte Amtshaus mit dem nach dem Heimatvereinsvorsitzenden benannten Karl-Pollender-Stadtmuseum. Ebenfalls am Kirchhof finden sich Wärmehäuschen („Spiker") aus dem 16. Jahrhundert. Die kleinen Fachwerkbauten dienten den Bauern der Umgebung als Speicher und zum Aufwärmen, anderen als Wohnung. Am Pfarrheim und an der Buchhandlung ist das Fachwerk farben-

Altes Amtshaus mit Museum

froh bemalt, von Haus Nr. 15 blicken hölzerne Barttäger herab. Alte Linden spenden Schatten.

Tipp

Kultur in der Altstadt

Altstädte sind wunderbare Kulissen für Volksfeste. In Werne sind das die Sim-Jü-Kirmes und Ende August das Straßenfestival, bei dem Gaukler und Artisten auftreten. Der Weihnachtsmarkt wird auf dem Kirchhof aufgebaut. Kultur findet in Werne auch an überraschenden Orten statt: Musik im Alten Rathaus, Lesungen im Alten Steinhaus und Freiluftkonzerte an der Saline.

Das Alte Steinhaus (Stadtbücherei) mit dem Moormannbrunnen

Jakobsmuscheln an einer Fachwerk-Ecke weisen Jakobspilgern den Weg. Zwischen den Häusern 10 und 11 führt ein Durchgang zum Roggenmarkt. Dort empfängt Sie nicht nur Wernes ältestes Fachwerkhaus (1486), sondern auch das Denkmal eines Schweinezüchters. Die Bauern durften nur hier ihre Erzeugnisse verkaufen, denn der Marktplatz war den einheimischen Handwerkern vorbehalten. Der Blick zurück auf den die Altstadt überragenden Turm von St. Christophorus ist ein schönes Fotomotiv.

Idyllischer Blick auf die katholische Pfarrkirche St. Christophorus

Abstecher

Solebad

Wie überall im heutigen Ruhrgebiet wurde auch auf Werner Boden nach Kohle gebohrt. Zunächst traf man dabei auf eine Solequelle. Seit 1874 planschten die Werner in dem warmen Salzwasser. Bald begann ein regelrechter Kurbetrieb. Doch die Quelle versiegte, auch der Bergbau ist Geschichte. Heute liefern Tankwagen Sole aus Niedersachsen nach Werne – in eines der modernsten Solebäder weit und breit. 2019 eröffnet, bietet der Neubau ein für eine Kleinstadt üppiges Angebot von 2.000 Quadratmetern Wasserfläche, Textilsauna und Dampfbad. Die 33 Grad warme Sole braust auch durch Massagedüsen und Schwallduschen. In der kalten Jahreszeit umwallt Nebel Ihr Haupt, wenn Sie in den Außenbereich schwimmen. Salzarm geht es zu im Familien- und Sportbereich mit verschiedenen Becken in Halle und Außengelände, Sprungturm und 80-Meter-Rutsche. Besondere Erwähnung verdient die Gastronomie: Hier gibt es natürlich auch Fritten, aber das loungig eingerichtete „Strobels" ist kein Imbiss, sondern ein richtiges Restaurant.

Abstecher

Gradierwerk

An Wernes Vergangenheit als Kurort knüpft neben dem Solebad auch das Gradierwerk an. Sie finden es in unmittelbarer Nähe von Stadtsee, Lippe und Solebad. Es hat Aussehen und Maße eines großen Holzspeichers, die Länge beträgt 50 Meter. Gefüllt ist das Holzgerüst mit 22.000 Bündeln Schwarzdorn. Darüber rieselt Sole. Zweige und Dornen sorgen für eine große Oberfläche und somit für viel Verdunstung. Darum ist die Luft in der Umgebung feucht und salzhaltig, was bei Atemwegserkrankungen und Allergien wohltut. Jeden dritten Sonntag der Monate Mai bis August finden hier Kurkonzerte statt.

Gastronomie:

Mediterráneo
Tapas (auch „to go“) und andere Mittelmeer-Leckereien, Burger und Tagesgerichte am Roggenmarkt.
https://mediterraneo-werne.de

Bäckerei Café Konditorei Telgmann
Hinter dem herrlich altmodischen Entree sitzen Sie in moderner Einrichtung bei feinstem Backwerk. Familienbetrieb seit 1870.
www.konditorei-telgmann.de

Saigon
Familienfreundliches asiatisches Lokal, der Blick geht über Orchideen und Bonsais auf den Kirchhof.
Keine Webseite.

Bewohnte
Kulisse
Unna
CAFE
extrablatt

Das Wappen der Kreisstadt Unna zeigt eine Burg, und tatsächlich sind nennenswerte Teile der Stadtbefestigung erhalten. Nicht nur das: Die Innenstadt wurde als Denkmalbereich ausgewiesen und 2019 in die Arbeitsgemeinschaft Historische Stadt- und Ortskerne aufgenommen. Im Zentrum der alten Hansestadt blieb fast 300 Denkmälern und „erhaltenswerten Gebäuden" der Abriss erspart. Die kleinteilige Innenstadtbebauung und die Verläufe der gepflasterten Straßen und Gassen sind seit Jahrhunderten unverändert. Geschäfte, Kultureinrichtungen und Feste beleben diese bewohnte Kulisse. Bei aller Traditionspflege geht Unna mit der Zeit: Kleine Schilder an den Fassaden weisen Gästen den Weg und liefern Kurzinfos, und die gesamte City ist seit 2014 mit kostenlosem WLAN ausgestattet (Netzwerkname: GlaspowerHotspot).

Vom Bahnhof sind es nur wenige Schritte bis zum Rathausplatz. Sehenswerter als das Rathaus aus den 1980er Jahren ist die katholische Katharinenkirche. Der 1934 geweihte neoromanische Bau mit den beiden massiven Türmen wirkt wehrhaft.

15

Anreise Pkw/Parkplatz: Parkhaus Massener Straße, Tiefgaragen am Bahnhof und am Neumarkt, die beiden erstgenannten haben große Rad-Parkstationen.

Anreise mit ÖPNV: Ab Bahnhof Unna sind es über die Bahnhofstraße Richtung Südwesten wenige hundert Meter bis in die Altstadt.

Besonderheiten: Stadtbefestigung, Wochenmarkt, Kulturzentrum, Industriekultur

Die Heiligenfiguren über dem Westportal zeigen St. Bonifatius und den Jesuiten Petrus Canisius, den „zweiten Apostel Deutschlands“ – nicht ganz überraschend, wenn man sich erinnert, wer zur Zeit der Weihe herrschte. Populärer, aber gut versteckt ist ein anderes Bildnis:
Am südlichen Kirchturm wurde in luftiger Höhe ein flaches Relief eingelassen. Es bildet einen Mann ab, der einen unkooperativen Esel hinter sich herzieht. Adleraugen entdecken es zwischen der obersten und der zweitobersten „Schießscharte“.

Der grüne Sandstein verleiht der wuchtigen Katharinenkirche etwas Schwebendes.

Warum ein Esel? Seit mehr als 200 Jahren verwenden die westfälischen Nachbarn den Necknamen Esel-Unna. Die als störrisch gescholtenen Einheimischen nehmen es mit Humor. 1924 brachten sie eine Eseldarstellung am damaligen Rathaus am Markt an. Der Eselsbrunnen auf dem Marktplatz ist seit 1978 ein Wahrzeichen der Stadt.
Die Bahnhofstraße ist fußläufige Einkaufsmeile. Ihre Entsprechung im Westen der Altstadt ist die Massener Straße. Beide münden auf den Markt.

Abstecher

Kreativquartier Lindenviertel

Nicht nur Bardamen und Innenausstatter wissen: Unter der richtigen Beleuchtung sieht alles ganz anders aus. Vertrautes mit Licht anders zu inszenieren oder Neues zu schaffen, dieser Kunst widmet sich ein einzigartiges Museum in Unna, das Zentrum für Internationale Lichtkunst. In den Gewölbekellern der ehemaligen Lindenbrauerei finden Sie seit 2001 faszinierende Lichtkunstwerke. Der 52 Meter hohe Brauerei-Schornstein mit den Leuchtziffern weist Ihnen den Weg zum Lindenplatz an der Massener Straße.

Die Lindenbrauerei ist heute das kulturelle Herzstück der Stadt. Ihr zugrunde liegt eine Auferstehungsgeschichte nach Ruhrgebiets-Art: 1979 endeten 120 Jahre Brauereibetrieb. 1992 etablierte sich hier das soziokulturelle Zentrum Lindenbrauerei mit Kneipe, Kabarett, Konzerten und anderen Kulturveranstaltungen. Es ist Experimentierfeld und Treffpunkt nicht nur für Kunstschaffende. Und seit 2002 wird wieder gebraut: Im Foyer stellen Braumeister das naturtrübe Lindenbier her, erhältlich ist es nur vor Ort.

Rund um diesen Ankerpunkt siedelte Unna weitere Kultureinrichtungen an. Neben dem Kulturzentrum residiert über dem Lichtkunstmuseum auch das freie Theater Narrenschiff. Angeflanscht an das historische Backsteinensemble hat die Stadt das Zentrum für Information und Bildung (zib). Es bündelt Angebote des Kulturamts wie Bibliothek, Volkshochschule, Archiv, Medienkunstraum und Touristeninformation. Zum Kreativquartier Lindenviertel gehören auch ein Kino, Lokale und Galerien.

Die größte, ja internationale Zugkraft von alledem hat das Zentrum für Internationale Lichtkunst. Wo sonst können Sie eine begehbare Camera Obscura betreten? Im Keller wird auch aufgelöst, welche Logik der Ziffernfolge auf dem Schornstein zugrunde liegt. Ausgedacht hat sie sich der Mathematiker Leonardo Fibonacci (geb. 1170): Die Fibonacci-Reihe beginnt mit der 1, danach ergibt jeweils die Summe von zwei Zahlen die danach folgende Zahl: 1, 1, 2, 3, 5, 8, 13, 21 ... Auf dem Schornstein war nur Platz bis zur 987.

Fast so gut wie aus diesen Fenstern ist der Markt-Blick per www.webcam-unna.de.

Rund um den Eselsbrunnen finden Sie ein harmonisches Ensemble aus Häusern unterschiedlicher Epochen. Das mit der Bogenhalle war einmal Rathaus der Stadt. Noch heute hat es jedes Jahr einen großen Auftritt: Dann wird hier „Un(n)a Festa Italiana" gefeiert, das größte italienische Fest nördlich der Alpen. Der Markt wird zur Piazza, das alte Rathaus festlich illuminiert. Italienische Musik, Kostüme, Speisen und Getränke sorgen für südländische Stimmung.

Der Eselsbrunnen von 1978

Das Haus Markt 8 am anderen Ende des Platzes beherbergte lange ein Pralinengeschäft, passend zur Zuckerbäcker-Architektur von 1889. Das gediegen verschieferte Haus Nr. 13 war mal ein Gasthaus „Zum König von Preußen", prominentester Gast: Heinrich Heine.

Dienstags und freitags findet der Wochenmarkt statt. Anders als in vielen anderen Städten schrumpft er nicht, alle 52 Standflächen sind vergeben.

Wenige Meter sind es von hier zum Kirchplatz mit der Evangelischen Stadtkirche. Zur Zeit ihrer Entstehung 1322 bis 1467 war sie natürlich katholisch, 1559 hielt die Reformation Einzug. Der Turm der gotischen Hallenkirche brannte mehrfach ab. Seit 1863 hat er den jetzigen Helm und überragt mit einer Höhe von 84 Metern die Altstadt.

Am Weg

Nicolaiviertel

Schnuckelig ist das kleine, zwischen Stadtkirche und Stadtmauer gelegene Nicolaiviertel. Wie das Lindenviertel gilt auch dieser Bereich als Kulturquartier.
Mittelpunkt ist das Nicolaihaus in der Nicolaistraße 3, benannt nach einem Choralschöpfer und Pfarrer. Das Fachwerkhaus von 1730 ist Sitz des Westfälischen Literaturbüros in Unna e. V., das seit 2002 Europas größtes internationales Krimifestival „Mord am Hellweg“ veranstaltet. Gegenüber erinnert das Buhre-Haus an den Künstler und Galeristen Wolfgang Buhre. Ateliers, Lokale und Läden sind in die verschachtelten Ackerbürgerhäuser, Fachwerkbutzen und Jugendstilbauten eingezogen. Kreativ werden auch heimtückische Anschläge aus der alten Kastanie abgewehrt: Regenschirme in Regenbogenfarben schützen die Sitzplätze darunter vor dem herabfallenden Taubenkot.

Namensgeber für das Nicolaihaus war der Prediger und Choralschöpfer D. Philipp Nicolai.

Vom Kirchplatz gelangen Sie in die Gasse Ulrichswall. Dort verbirgt sich ein bescheidenerer Turm. Er stammt aus dem 14. Jahrhundert und ist Teil der mittelalterlichen Stadtbefestigung. Der Ulrichsturm war zeitweilig ein Gefängnis. Direkt daneben stehen zwei ehemalige Schulgebäude: Ulrichswall 3 entstand 1811 als evangelische Schule auf alten Fundamenten; im Fachwerkhaus Ulrichswall 5 wurde Latein gelehrt, der Keller war Beinhaus.
Ein weiteres Relikt der Stadtbefestigung ist weiter im Süden gelegen: der Eulenturm. Erbaut 1475, diente er später abwechselnd als Kerker, Pulvermagazin und Behausung des Scharfrichters Wilhelm Hirsch. Der machte 1856 den Turm um einen Kopf beziehungsweise eine Eta-

ge kürzer. Heute können Sie am Stumpf in ein Hotelrestaurant mit dem Traditionsnamen Ölckenthurm einkehren.
Zwischen den beiden Türmen und an einigen anderen Stellen sind Abschnitte der Stadtmauer erhalten. In der Burgstraße zwischen Kirch- und Rathausplatz gibt es sogar eine Burg: Ihr viergeschossiger Wehrturm stammt aus dem 14. Jahrhundert. Die Gebäudefassaden dagegen sind deutlich jünger und wirken gar nicht mehr trutzig. Genutzt wird die Burg als Hellweg-Museum: Darin lernen Sie die Geschichte der Handelsstraße Hellweg und die der Hanse- und Salzsiederstadt Unna kennen. Größter Schatz des Museums ist ein Fund von rund 250 um 1375 vergrabenen Goldmünzen, die erst nach einem halben Jahrtausend wieder ans Tageslicht kamen.

Die Burg Unna mit dem Hellweg-Museum

Abstecher

Kurpark in Königsborn

Seit dem Mittelalter wurde im Raum Unna Salz gewonnen. Straßennamen wie Salzweg und Siederstraße rühren daher. 1734 errichtete der preußische Staat hier ein eigenes Salzwerk. Die erste Sole-Quelle wurde nach König Wilhelm I. „Königsborn" genannt und gab dem heutigen Unnaer Stadtteil seinen Namen. Zunächst war das Salz nur Handelsgut. Ab 1818 setzte man die Sole auch zur Heilbehandlung ein. Ein reger Kurbetrieb entstand, er endete erst 1941.

Heute können Sie sich auf Spurensuche begeben im Kurpark Königsborn. Die letzten Generationen haben ihn umgewandelt zu einem Stadtpark mit Wiesenfläche, Biotop und Spielplatz. Doch deutet bereits der alte Baumbestand an, dass dieser Ort Geschichte hat. Was wie eine gewöhnliche Windmühle aussieht, ist die Windpumpe. Sie beförderte die Sole auf die Gradierwerke. Beliebtes Fotomotiv ist der Monopteros, ein kleiner, weißer Rundtempel.

Im Verwaltungsgebäude der Saline Königsborn von 1815 sind moderne Büros untergebracht (Friedrich-Ebert-Straße 59). Entlang derselben Straße belegen Villen den Wohlstand, der in Unna unter anderem mit Salz erwirtschaftet wurde. Aber nicht für alle: Sehr bescheiden wirkt die jenseits der Friedrich-Ebert-Straße am Zimmerplatz erhaltene Reihe von Salzsiederhäuschen aus der Zeit um 1780.

Gastronomie:

Salatbar Schnibbelgrün
Zwischen Lindenviertel und Markt an der Massener Straße: Salate, Wraps und Suppen. Passender Nachbar ist der Bioladen.
www.schnibbel-gruen.de

Senfladen
Feinkost zum Mitnehmen, Suppen und andere kleine Speisen zum Vor-Ort-Schmausen im Fachwerkhaus an der Massener Straße.
www.senfladen-unna.de

Meisterhaus
Fachwerkbau am Südende der Altstadt (Neumarkt), Scheune von 1902, italienische Küche aus dem Holzofen, großer Biergarten.
www.meisterhaus.de

Noch mehr schöne Heimat ...

Verwunschene Privatgärten und repräsentative Schlossparks, klösterliche Kräutergärtlein und ein Kurpark – dieses Buch nimmt Sie mit zu spannenden Zielen im Ruhrgebiet. Falls der Rest der Familie sich nicht für gestaltetes Grün erwärmen kann: Jedes Ausflugsziel in diesem Buch ist unmittelbar mit weiteren Attraktionen verbunden, von der Ritterburg über Amphitheater und Wasserspielplätze bis zum begehbaren Kunstwerk. Lassen Sie sich inspirieren zu Entdeckungstouren durchs Revier!

Patrick Bierther
Blühende Oasen
Ausflüge zu Parks und Gärten
im Ruhrgebiet

144 Seiten, zahlr. farb. Abbildungen
Klappenbroschur, 16,95 €
ISBN 978-3-8375-2455-0

Weitere inspirierende Freizeitführer finden Sie auf:
www.klartext-verlag.de und überall im Handel.